Bitte beachten Sie:

Bücher mit aufgetrenntem oder beschädigtem
Siegel gelten als gebraucht und können
nicht mehr zurückgegeben werden.
Bücher dürfen nur von ihrem Erstbesitzer
für den Unterricht kopiert werden.
Siehe auch Impressumseite.

Mit freundlichem Gruß
Ihr
Verlag an der Ruhr

Postfach 10 22 51
D-45422 Mülheim an der Ruhr
E-Mail: info@verlagruhr.de
www.verlagruhr.de
Servicetelefon: 0208 / 495 04 98

Diktate üben – *locker*!

Klassen 5–6

Dietrich Bussen

Impressum

Titel: Diktate üben – locker!
Klassen 5–6

Autor: Dietrich Bussen

Druck: Uwe Nolte, Iserlohn

Verlag: Verlag an der Ruhr
Alexanderstr. 54, 45472 Mülheim an der Ruhr
Postfach 10 22 51, 45422 Mülheim an der Ruhr
Tel.: 0208–439 54 50, Fax: 0208–439 54 39
E-Mail: info@verlagruhr.de
www.verlagruhr.de

© Verlag an der Ruhr 2000
ISBN 3-86072-592-0

Die Schreibweise der Texte folgt der reformierten Rechtschreibung.

Wir weisen hin auf weitere Bände in dieser Reihe:

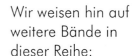

Ein weiterer Beitrag zum Umweltschutz:

*Das Papier, auf das dieser Titel gedruckt ist, hat ca. **50% Altpapieranteil**, der Rest sind **chlorfrei** gebleichte Primärfasern.*

Alle Vervielfältigungsrechte außerhalb der durch die Gesetzgebung eng gesteckten Grenzen (z.B. für das Fotokopieren) liegen beim Verlag.

Inhalt

Vorwort 6

Diktate Klasse 5

Das Geheimnis im Keller
Volltext 7
Klassendiktat (122 Wörter) 8
Übung: Eine Geschichte zur Geschichte 9
Übung: Zusammengesetzte Nomen I 10
Übung: Wortbedeutung 13

Max
Volltext 14
Klassendiktat (97 Wörter) 15
Übung: „Max" 16
Übung: Zusammengesetzte Nomen II 18

Alles braucht seine Zeit
Volltext 19
Klassendiktat (119 Worter) 20
Übung: Gegensatzpaare 21
Übung: „Lieblingskuchen" 22
Übung: Ein Backrezept schreiben 23
Übung: Regelmäßige Steigerung von Adjektiven 24

Verzögerte Planung
Volltext 26
Klassendiktat (120 Wörter) 27
Übung: Wortfeldarbeit zum Verb „essen" 28
Übung: Unregelmäßige Steigerung von Adjektiven 29
Übung: Wenn aus Verben Nomen werden 30

Ein Schatten mit Haut und Haaren
Volltext 31
Klassendiktat (129 Wörter) 32
Übung: Eine Bildergeschichte malen 33
Übung: Sprichwörter 34
Übung: Endsilben, an denen man Nomen erkennt 35

Diktate Klasse 6

Was nun?
Volltext 36
Klassendiktat (138 Wörter) 37
Übung: „Ein Spitzname für Murat"/ Wörtliche Rede 38
Übung: Satzzeichen/ Eine Szene illustrieren 39
Übung: Umgang mit dem Wörterbuch 40

Das Schicksal der Katzen
Volltext 41
Klassendiktat (142 Wörter) 42
Übung: Eine Fortsetzungsgeschichte schreiben 43
Übung: Direkte Rede – Indirekte Rede 44
Übung: Wörter mit „z" und „tz" 46

Immer wieder Ablenkungen
Volltext 47
Klassendiktat (127 Wörter) 48
Übung: „Kreuzungen" 49
Übung: Wenn Adjektive zu Nomen werden 50

Die Versuchsanlage
Volltext 52
Klassendiktat (136 Wörter) 53
Übung: „Tierversuche" 54
Übung: Einen Brief in die richtige Form bringen 55
Übung: Nomen im Text erkennen 56

Die Entscheidung
Volltext 57
Klassendiktat (141 Wörter) 58
Übung: „Ein Rettungsplan für die Katzen" 59
Übung: Fremdwörter richtig gebrauchen 60
Übung: Konsonantenverdopplung 61
Übung: Lückentext zu Fremdwörtern 62

Lösungen 63

DIKTATPASS

Diktate Klasse 5	Das habe ich geübt:		Meine Fehlerzahl:	Meine Note:	Das muss ich noch üben:
Diktat 1: Das Geheimnis im Keller	zusammengesetzte Nomen	☐			
Diktat 2: Max	zusammengesetzte Nomen	☐			
Diktat 3: Alles braucht seine Zeit	regelmäßige Steigerung von Adjektiven	☐			
Diktat 4: Verzögerte Planung	unregelmäßige Steigerung von Adjektiven ☐ Verben, die zu Nomen werden ☐				
Diktat 5: Ein Schatten mit Haut und Haaren	Endsilben von Nomen	☐			

© Verlag an der Ruhr, Postfach 10 22 51, 45422 Mülheim an der Ruhr, www.verlagruhr.de

DIKTATPASS

Diktate Klasse 6	Das habe ich geübt:		Meine Fehler-zahl:	Meine Note:	Das muss ich noch üben:
Diktat 1: Was nun?	Satzzeichen	☐			
Diktat 2: Das Schicksal der Katzen	direkte Rede – indirekte Rede Wörter mit „z" und „tz"	☐ ☐			
Diktat 3: Immer wieder Ablenkungen	Adjektive, die zu Nomen werden	☐			
Diktat 4: Die Versuchs-anlage	Nomen erkennen	☐			
Diktat 5: Die Entscheidung	Fremdwörter	☐			

Vorwort

"Diktate üben" einmal anders ...

Hinweise zu den Bilder auf den Übungsseiten:

Warum nicht anhand einer fortlaufenden spannenden Geschichte, die zum Diskutieren, Miterleben, Schreiben und Weiterdenken anregt?

Mit den Diktaten begleiten die Schülerinnen und Schüler der 5. und 6. Klasse Max und seine Freunde Murat und Jens bei ihren abenteuerlichen Erlebnissen mit dem bewegten Schatten. Ebenso wie für die Klassen 5 und 6 gibt es auch für die Klassen 7 und 8, sowie 9 und 10 abenteuerliche Diktattexte mit Jürgen und Orhan.

Die Texte werden von unterschiedlichen Übungsaufgaben begleitet: So geht es z.B. um zusammengesetzte Nomen oder darum, an welchen Endungen man Nomen erkennt, wann Verben und Adjektive zu Nomen werden, welche Wörter mit „z" und welche mit „tz" geschrieben werden, etc. Aber auch Kreativität ist gefragt, wenn z.B. eine Bildergeschichte geschrieben werden soll, wenn ein Brief an einen Tierschutzverein verfasst wird, oder wenn sich die Schülerinnen und Schüler einen Spitznamen für Murat ausdenken sollen.

Tipps und Erklärungen

Da die Übungen erst nach den jeweiligen Diktaten angeboten werden, können sich die Schülerinnen und Schüler nun ohne Notendruck mit den Aufgaben befassen.

Schreiben

Zum Gebrauch der Arbeitsmappe

- Zu Beginn – fast – jeder Deutsch-Unterrichtseinheit wird eines der sechs Kurzdiktate (aus dem Volltext) im Sinne eines Rechtschreibübens diktiert. Die Schülerinnen und Schüler schreiben es in ein eigens dafür angelegtes Diktatheft.

Unterstreichen

- Nach jedem Kurzdiktat erhalten die Schülerinnen und Schüler den fotokopierten Text, kleben ihn unter ihren handschriftlichen Text und korrigieren ihn entweder zu Hause oder im Unterricht (Selbstkontrolle!).
- Nachdem alle sechs Kurzdiktate geschrieben sind, wird ein Klassendiktat geschrieben. Das Klassendiktat besteht aus etwa der Hälfte der Sätze (97 bis 142 Wörtern). Wenn die Schülerinnen und Schüler die Klassendiktate benotet zurückbekommen, erhalten sie eine Kopie des Klassendiktates und ihren Diktatpass. Auf beidem können sie eintragen, welchen Eindruck sie vom Diktat haben, welche Fehler sie häufig gemacht haben und was sie noch üben müssen.

Diskutieren

- Faltanleitung für den Diktatpass: Der Pass wird so auf DIN-A6-Größe gefaltet, dass die Aufschrift „Diktatpass" auf der Außenseite und die Übungen zu den Diktaten auf der Innenseite stehen. Links wird er gelocht.

Malen

- Nach jedem Klassendiktat bearbeiten die Schülerinnen und Schüler weitgehend selbstständig die Übungsangebote. Sie können sich nun ohne Notendruck mit den Aufgaben beschäftigen. Lernpsychologisch ist es sicher eine gute Voraussetzung, das im Rechtschreibteil Erlernte zu vertiefen und zu festigen.

Alle in dieser Mappe vorkommenden Übungen sind in der Praxis erprobt und zusammen mit den Diktattexten ohne große Vorbereitung einsetzbar.

Volltext

Das Geheimnis im Keller

1. Im Keller stimmte etwas nicht.
2. Schon vor einigen Tagen war es ihm aufgefallen.
3. Irgendetwas war anders als sonst.
4. Besonders abends spürte er es ganz deutlich.
5. Einmal wollte er sogar auf der Kellertreppe wieder kehrtmachen.

6. Es war aber auch wirklich zum Fürchten.
7. Als Max das Licht angeknipst hatte, war er vor Schreck bleich geworden.
8. Seine Knie fühlten sich an wie Pudding.
9. An den Armen hatte er eine Gänsehaut.
10. Beinahe hätte er sich sogar in die Hosen …, na ja, ihr wisst schon.

11. Auf jeden Fall war das alles ganz schön aufregend.
12. Leider hatte er nur einen Schatten gesehen.
13. Er hätte doch sofort hinterherlaufen sollen.
14. Der Schatten war nämlich hinter einer Mauerecke verschwunden.
15. Aber er musste erstmal tief Luft holen.

16. Danach war es leider zu spät.
17. Als er die Mauerecke erreicht hatte, war nichts mehr zu sehen.
18. Oder hatte der Schatten etwa etwas zurückgelassen?
19. Auf dem Kellerfußboden hinter der Ecke lag doch etwas.
20. Das sah ja ganz aus wie _____!

21. Unwillkürlich hielt Max die Hand vor den Mund.
22. Er spürte nämlich, dass sein Abendessen wieder hochkommen wollte.
23. War das ein Schockerlebnis!
24. Wenn wenigstens sein Freund Jens dabei gewesen wäre.
25. Heldentaten kann man zu zweit einfach besser vollbringen.

26. Das Ding auf dem Fußboden hatte sich dann jedoch als harmlos herausgestellt.
27. Da hatte jemand wohl nur etwas verloren.
28. Erleichtert ging Max wieder nach oben in die Wohnung.
29. Aber die Schattenbewegung saß ihm nach wie vor in den Knochen.
30. Beim nächsten Kurzdiktat erfahrt ihr, wie es weitergeht.

 **Das Geheimnis im Keller**

Klassendiktat (122 Wörter)

Note	Fehler
1	0–1
2	2–3
3	4–6
4	7–10
5	11–16
6	ab 16

Das Geheimnis im Keller

Im Keller stimmte etwas nicht.
Besonders abends spürte er es ganz deutlich.
Es war aber auch wirklich zum Fürchten.
Als Max das Licht angeknipst hatte,
war er vor Schreck bleich geworden.
An den Armen hatte er eine Gänsehaut.
Leider hatte er nur einen Schatten gesehen.
Er hätte doch sofort hinterherlaufen sollen.
Aber er musste erstmal tief Luft holen.
Als er die Mauerecke erreicht hatte, war nichts mehr zu sehen.
Oder hatte der Schatten etwa etwas zurückgelassen?
Auf dem Kellerfußboden hinter der Ecke lag doch etwas.
Unwillkürlich hielt Max die Hand vor den Mund.
War das ein Schockerlebnis!
Das Ding auf dem Fußboden hatte sich dann jedoch als harmlos herausgestellt.
Erleichtert ging Max wieder nach oben in die Wohnung.

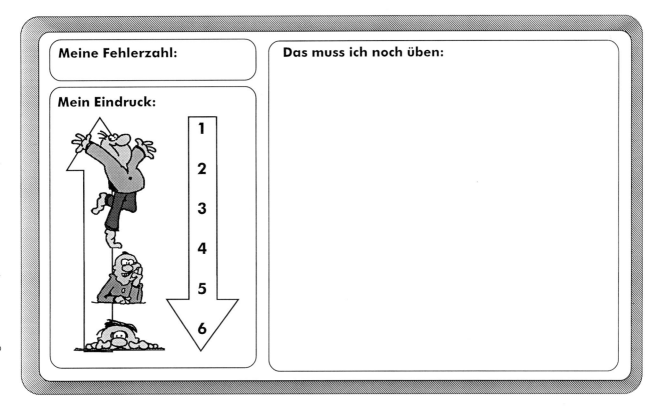

Das Geheimnis im Keller

Übung:

Eine Geschichte zur Geschichte schreiben

 A

Kannst du dir denken, was im Keller auf dem Fußboden lag? Schreibe auf, worüber sich Max so sehr erschrocken haben könnte!

Hier sind zwei Möglichkeiten, wie du anfangen kannst:

1

Ich glaube, da hat jemand _____ verloren.

Max hat sich darüber so erschrocken, weil das so aussah wie _____ .

2

Als er auf den Fußboden sah, erschrak er sehr.

Das sah doch aus wie _____ .

Er holte erstmal tief _____ .

Dann …

1

Vor ein paar Tagen ging ich abends in den Keller.

Als ich das Licht _____ …

2

Wieder einmal war meine Schwester zu faul in den Keller zu gehen. Also blieb wieder alles an mir hängen …

3

Eigentlich habe ich nicht so oft Angst.

Aber als ich neulich in den Keller ging …

 B

Oder erzähle die Geschichte so, als hättest du an Stelle von Max das Erlebnis im Keller gehabt.

Die nebenstehenden drei Erzählanfänge können dir dabei helfen.

Natürlich kannst du dir den Anfang auch selbst ausdenken. Deiner Fantasie sind keine Grenzen gesetzt.

TIPP:
Benutze für die Aufgaben A und B leeres Schreibpapier oder schreibe in dein Heft.

Das Geheimnis im Keller

Übung:

Zusammengesetzte Nomen I

Dass „Nomen" Namenwörter sind, weißt du doch.
Wie sie geschrieben werden, ist auch klar, oder?

Bitte merken:
Ich merk
mir mühelos,
Nomen
schreibt man
_____
(klein – groß)

A **Setze eins der beiden Wörter in die Lücke ein und streiche das falsche Wort so dick durch, dass es selbst dein Lehrer oder deine Lehrerin mit seinen oder ihren scharfen Augen nicht mehr erkennen kann!**

In den Übungssätzen stehen 12 Wörter, die aus zwei Nomen zusammengesetzt sind. Eins dieser Wörter kommt sogar zweimal vor.

B **Suche diese Wörter und schreibe sie auf. Setze zusätzlich vor jedes Wort den richtigen Artikel* (im Nominativ*) und die Nummer des Satzes, in dem das Wort steht.**

* Artikel: der – die – das
* Nominativ = 1. Fall

Artikel	zusammengesetzte Nomen	Satznummer
die	Kellertreppe	(Satz 5)
1. _____	_____	_____
2. _____	_____	_____
3. _____	_____	_____
4. _____	_____	_____
5. _____	_____	_____
6. _____	_____	_____
7. _____	_____	_____
8. _____	_____	_____
9. _____	_____	_____
10. _____	_____	_____
11. _____	_____	_____
12. _____	_____	_____

Das Geheimnis im Keller

Übung:

Zusammengesetzte Nomen I (Fortsetzung)

A

In einem Wort sind sogar drei Nomen versteckt. Welches Wort ist es? Schreibe es auf und setze den richtigen Artikel davor!

Es ist _____ .

Das Wort steht in Satz ____ .

B

Nimm nun die zusammengesetzten Nomen auseinander, schreibe sie in die Tabelle und setze dabei vor jedes Wort den richtigen Artikel. Schreibe die einzelnen Nomen immer im Singular auf, auch wenn sie in den zusammengesetzten Nomen im Plural vorkommen.

zusammengesetzte Nomen	einzelne Nomen
die Kellertreppe	der Keller – die Treppe
die Gänsehaut	
die Mauerecke	
das Schattenbild	
die Handfläche	
das Abendessen	
das Schockerlebnis	
die Heldentaten	
der Fußboden	
die Schattenbewegung	
die Kellergeschichte	
der Kellerfußboden	

Auf der nächsten Seite findest du eine ganze Reihe von Nomen.

Bilde aus diesen einzelnen Nomen zusammengesetzte Nomen. Vielleicht kannst du auch Wörter zusammenpuzzeln, die aus mehr als zwei einzelnen Nomen bestehen. Achte aber darauf, dass die Wörter, die du bildest, gebräuchlich sind und nicht nur deiner Fantasie entspringen.
Vergiss auch nicht, die Artikel vor deine Mega-Nomen zu setzen.

Wer kann die meisten Wörter aus drei Nomen bilden?
Eins davon könnte mit „Sommer" anfangen.
Viel Spaß!

Das Geheimnis im Keller

Übung:

Zusammengesetzte Nomen I (Fortsetzung)

Hosen – Papier – Finger – Serie – Spiel – Fahrrad – Bogen – Tasche – Lampe – Kartoffel – Sommer – Schauspieler – Rekorder – Tuch – Salat – Abenteuer – Schlaf – Hand – Aufgaben – Fleisch – Heft – Film – Schrank – Ball – Imbiss – Kopf – Zimmer – Ferien – Tisch – Schuh – Lamm – Uhr – Bein – Ende – Regen – Fuß – Abfall – Kassetten – Nagel – Haus – Computer – Bett – Treppen – Eimer – Stufe – Bremse – Zeiger – Boden – Stand – Farbe – Gericht – Tor – Keller

Achtung! Jedes Wort darfst du nur einmal verwenden

TIPP:
Du machst es dir leichter, wenn du jedes Wort, das du verwendet hast, durchstreichst. Nimm dafür am besten einen Bleistift, denn man kann sich ja mal irren!

Wörter aus zwei und aus drei Nomen

Wörter aus zwei Nomen	Wörter aus drei Nomen

Das Geheimnis im Keller

Übung: Wortbedeutung

Der Junge in der Geschichte bekommt eine **Gänsehaut**. Erinnerst du dich?

Suche den Satz, in dem das Wort „Gänsehaut" steht und schreibe ihn noch einmal auf (mit der Satznummer).

Satz ___ : _____

Erkläre, was damit gemeint ist, wenn wir von einer „Gänsehaut" sprechen. Was hat unsere „Gänsehaut" mit der tatsächlichen Haut der Gänse zu tun? Versuche, auch das zu erklären.

Hast du auch schon einmal eine Gänsehaut gehabt? Berichte deinen Mitschülerinnen und Mitschülern davon!

 Max

Klassendiktat (97 Wörter)

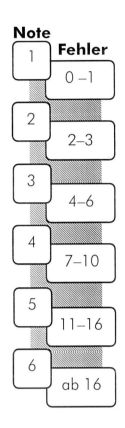

Max

Bisher wisst ihr von Max nur etwas über sein Schattenerlebnis.
Deshalb sollt ihr jetzt einige Einzelheiten über ihn erfahren.
Max hatte gerade seinen elften Geburtstag gefeiert.
Er ist mittelgroß und etwas pummelig.
Wenn man genau hinsieht, kann man grün-braune Augen erkennen.
Auf seinem Kopf wachsen leuchtend rote Haare.
Diese Haare bereiteten ihm eine Zeit lang große Magenschmerzen.
Einige Jungen und Mädchen aus seiner Klasse hatten ihn wegen
dieser Haare immer wieder geärgert.
Einmal war ihm sogar der Gedanke gekommen sie ganz
abzurasieren.
Genau seit seinem zehnten Geburtstag hat Max keine
Probleme mehr mit seinen Haaren.

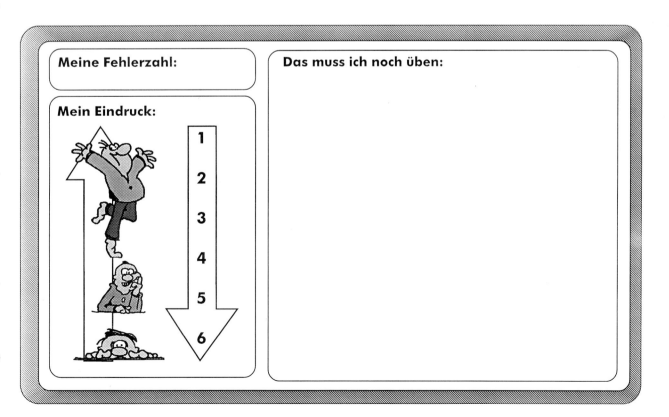

Volltext

Max

1. Max musste in den nächsten Tagen immer wieder an den Keller denken.
2. Bisher wisst ihr von Max nur etwas über sein Schattenerlebnis.
3. Deshalb sollt ihr jetzt einige Einzelheiten über ihn erfahren.
4. Max hatte gerade seinen elften Geburtstag gefeiert.
5. Wenn seine Mutter sauer auf ihn ist, nennt sie ihn Maximilian.

6. Er ist mittelgroß und etwas pummelig.
7. Seine Gesichtsform ist rundlich.
8. Seine Nase wirkt etwas breiter als bei den meisten Kindern in seiner Klasse.
9. Wenn man genau hinsieht, kann man grün-braune Augen erkennen.
10. Die Ohrläppchen sind angewachsen.

11. Sein Mund ist klein und wirkt etwas spitz, wenn er geschlossen ist.
12. Meist liegen seine Lippen jedoch nicht still aufeinander, sondern sind in Bewegung.
13. Er lacht nämlich sehr gerne und dann bilden sich in seinen Wangen kleine Grübchen.
14. Wenn er gerade mal nicht lacht, hat er meistens etwas zu erzählen.
15. Auf seinem Kopf wachsen leuchtend rote Haare.

16. Diese Haare bereiteten ihm eine Zeit lang große Magenschmerzen.
17. Einige Jungen und Mädchen aus seiner Klasse hatten ihn wegen dieser Haare immer wieder geärgert.
18. Am liebsten hätte er sie gegen schwarze eingetauscht.
19. Aber das ging ja nun leider nicht.
20. Einmal war ihm sogar der Gedanke gekommen sie ganz abzurasieren.

21. Er wäre dann mit glatt polierter Kopfhaut herumgelaufen.
22. Das wollte er nun auch wieder nicht.
23. Im Fernsehen hatte er nämlich Jugendliche mit solchen Glatzen gesehen.
24. Die gefielen ihm aber gar nicht.
25. Genau seit seinem zehnten Geburtstag hat Max keine Probleme mehr mit seinen Haaren.

26. Inzwischen ist er sogar richtig stolz auf seinen roten Haarschopf.
27. Eigentlich solltet ihr ja bei diesem Diktat mehr über die Kellergeschichte erfahren.
28. Vielleicht klappt es ja beim nächsten Mal.
29. Auch über den zehnten Geburtstag von Max gibt es dann noch einiges zu berichten.

Max

Übung: „Max"

In der Geschichte hast du einiges darüber erfahren, wie Max aussieht und wie alt er ist. Hast du die Einzelheiten noch im Kopf?

Dir ist sicher auch aufgefallen, dass in der Geschichte noch andere Dinge über Max stehen.

Sieh dir alle Sätze noch einmal genau an. Sobald du einen Satz findest, in dem etwas über sein Alter oder sein Aussehen steht, schreibe ihn mit der Satznummer unter der Überschrift „Alter u. Aussehen von Max" auf.

Unterstreiche die entsprechenden Sätze im Text und versuche nun mit deinen Worten aufzuschreiben, was du noch über Max erfahren hast. Du könntest zum Beispiel mit dem anfangen, was in Satz 5 steht. Du kannst es aber auch anders machen.

Alter und Aussehen von Max

Satz 4   Max hatte gerade ...

_____ _____

_____ _____

_____ _____

_____ _____

_____ _____

_____ _____

_____ _____

Versuche nun, ihn nach den Beschreibungen im Text zu malen!

Das ist Max

Du hast nun alles aufgeschrieben, was du über Max weißt.

 Max

Übung: „Max"

Fortsetzung

Bis zu seinem zehnten Geburtstag wurde Max von einigen Mädchen und Jungen aus seiner Klasse wegen seiner Haare geärgert; danach nicht mehr.

 D

Woran könnte das gelegen haben?
Was vermutest du?
Sammelt gemeinsam in eurer Klasse Vorschläge und schreibt sie alle an die Tafel.

 E

Schreibe den Vorschlag auf, der dir am besten gefällt und erkläre, warum du ihn besser findest als die anderen.

Rote Haare sind doch okay!

 Max

Übung:

Zusammengesetzte Nomen II

Die folgende Übung kennst du schon. Im Diktat findest du wieder Wörter, die aus zwei Nomen zusammengesetzt sind.

 A

Suche im Text die zusammengesetzten Wörter und schreibe sie auf. Insgesamt kommen 8 verschiedene zusammengesetzte Nomen vor. Achte darauf, dass du jedes dieser Wörter nur einmal aufschreibst!

zusammengesetzte Nomen

1. _____
2. _____
3. _____
4. _____
5. _____
6. _____
7. _____
8. _____

Aber aufgepasst! Zwei Nomen sind jetzt als Teile eines zusammengesetzten Nomens im Vergleich zu ihrer ursprünglichen Form ein bisschen verändert.

 C

Fallen dir noch mehr zusammengesetzte Nomen ein?

_____
_____
_____

 D

Bestimmt hast du dir schon längst gemerkt, wie man Nomen schreibt. Falls du es einmal vergessen haben solltest, kann dir der Spruch weiterhelfen. Weißt du ihn noch? Versuche die Lücken auszufüllen, aber auswendig wenn's geht!

Bitte merken:

Ich merk mir _____ ,

Nomen schreibt man _____ .

B

Suche die beiden Wörter, in denen diese Nomen vorkommen und schreibe die Wörter auf. Daneben schreibst du die einzelnen Nomen, aus denen sie zusammengesetzt sind.

1. _____ = _____ + _____
2. _____ = _____ + _____ Na, hat's geklappt?

Diktate üben – locker! 5–6

Volltext

Alles braucht seine Zeit

1. Max ließ der Gedanke an den Schatten im Keller nicht los.
2. Er grübelte nun schon seit Tagen immer wieder darüber nach.
3. Zu einem brauchbaren Ergebnis hatte das aber nicht geführt.
4. Stattdessen waren nur unbrauchbare Vermutungen dabei herausgekommen.
5. Er überlegte, ob er seine beiden besten Freunde, Jens und Murat, einweihen sollte.
6. Die könnten sich doch auch ihre klugen Köpfe zerbrechen.
7. Die Sache gemeinsam zu klären wäre vielleicht einfacher, als es alleine zu versuchen.
8. Für ihn allein war es offensichtlich zu schwer.
9. Er fragte sich allerdings auch, ob sie ihn etwa auslachen würden.
10. Schließlich hatte er die Nase voll davon, darüber zu brüten, was falsch und was richtig sein könnte.
11. Er entschloss sich seine beiden Freunde einzuweihen.
12. In einer großen Pause besprachen sie die Angelegenheit.
13. Murat hatte angeboten, dass sie sich am besten bei ihm treffen sollten.
14. Sie könnten dann in Ruhe und ohne Stress ausknobeln, wie die Sache anzugehen sei.
15. Von den drei Freunden hat Murat nämlich als einziger ein eigenes Zimmer.
16. Es ist zwar nicht groß sondern eher klein, aber es gehört ihm ganz allein.
17. Seine größeren Geschwister haben nämlich inzwischen alle eine eigene Wohnung.
18. Max und Jens nahmen die Einladung gerne an.
19. Murats Mutter konnte wunderbar kochen und noch wunderbarer backen.
20. Am wunderbarsten aber war es, dass sie sich merkte, was sie gerne aßen und ihnen immer leckere Sachen anbot.
21. Sie vergaß auch nie ihnen etwas für den Nachhauseweg mitzugeben.
22. Das fanden beide ganz toll.
23. Jens bezeichnete das sogar als unheimlich cool.
24. Das war immerhin das größte Kompliment, das er überhaupt machen konnte.
25. Sie hatten sich nicht geirrt.
26. Auf einem großen Teller leuchteten ihnen Gebäckstückchen mit buntem Zuckerguss entgegen.
27. Max lief das Wasser im Munde zusammen.
28. Jens strahlte über das ganze Gesicht.
29. Jetzt konnte es also losgehen.
30. Womit es losging, erfahrt ihr in der nächsten Geschichte.

Klassendiktat (119 Wörter)

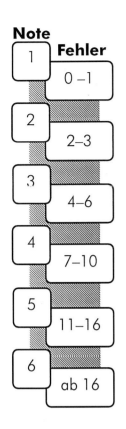

Alles braucht seine Zeit

Max ließ der Gedanke an den Schatten im Keller nicht los.
Er überlegte, ob er seine beiden besten Freunde,
Jens und Murat, einweihen sollte.
Die könnten sich doch auch ihre klugen Köpfe zerbrechen.
Für ihn allein war es offensichtlich zu schwer.
Er entschloss sich seine beiden Freunde einzuweihen.
In einer großen Pause besprachen sie die Angelegenheit.
Murat hatte angeboten, dass sie sich am besten bei ihm
treffen sollten.
Max und Jens nahmen die Einladung gerne an.
Murats Mutter konnte wunderbar kochen und noch wunderbarer
backen.
Am wunderbarsten aber war es, dass sie sich merkte,
was sie gerne aßen und ihnen immer etwas anbot.
Das fanden beide ganz toll.
Jens bezeichnete das sogar als unheimlich cool.

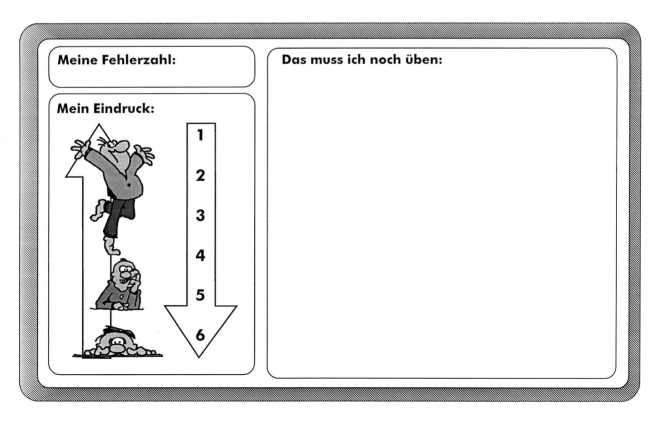

Alles braucht seine Zeit

Übung: Gegensatzpaare

In der Geschichte verbergen sich Pärchen.
Davon hast du nichts gemerkt?
Dann pass auf!
Du hast natürlich Recht. Von Pärchen in Menschengestalt kann nicht die Rede sein. Aber Wortpaare kommen umso zahlreicher vor.

Genauer gesagt:
Bei jedem Wortpaar handelt es sich um zwei Wörter, die deshalb zusammengehören, weil sie Gegensätze ausdrücken. Deshalb sollen sie ab jetzt Gegensatzpaare genannt werden.

Zum Beispiel:
Im dritten Satz steht das Wort „brauchbar(en)". Im vierten Satz steht ein Wort, das genau das Gegenteil von „brauchbar" bedeutet, nämlich unbrauchbar(e)".

Jetzt kannst du das erste Gegensatzpaar in die Tabelle eintragen. Bei den nächsten Paaren bekommst du noch eine kleine Hilfe (s.u.). Die angehängten Endungen an den Wörtern kannst du weglassen. Schreibe die Satznummer immer vor die Wörter. Insgesamt kommen sechs Gegensatzpaare vor.

Gegensatzpaare

Satz 3:	brauchbar	⟷	Satz 4:	unbrauchbar
Satz 7:	gemeinsam	⟷	Satz 7:	_____
Satz 10:	_____	⟷	Satz 10:	_____
	_____	⟷		_____
	_____	⟷		_____
	_____	⟷		_____

Versuche nun zu den folgenden Wörtern das jeweils passende zweite Wort zu finden, das das Gegenteil ausdrückt.

schnell ⟷ _____
gut ⟷ _____
wenig ⟷ _____
unten ⟷ _____
hoch ⟷ _____
schwer ⟷ _____
gesund ⟷ _____
leise ⟷ _____
links ⟷ _____
süß ⟷ _____

**Und nun geht's erst richtig los.
Schreibe nun eigene Gegensatzpaare auf.**

_____ ⟷ _____
_____ ⟷ _____
_____ ⟷ _____
_____ ⟷ _____
_____ ⟷ _____
_____ ⟷ _____
_____ ⟷ _____
_____ ⟷ _____
_____ ⟷ _____
_____ ⟷ _____

 **Alles braucht seine Zeit**

Übung: „Lieblingskuchen"

In der Geschichte läuft Max das Wasser im Munde zusammen und Jens strahlt über das ganze Gesicht. Du weißt sicher noch, weshalb das so war.

> Max und Jens freuten sich, als ihnen auf einem _____ _____ entgegen _____ .

Dann kannst du auch die Lücken in dem folgenden Satz ausfüllen.

Falls du es auswendig nicht schaffst, lies dir den entsprechenden Satz noch einmal genau durch.

Bestimmt hast du auch ein Lieblingsgebäck oder einen Lieblingskuchen.

Bearbeite zu diesem Thema eine der beiden folgenden Aufgaben. Benutze dafür in jedem Fall einen Bleistift. Dann ist es für dich leichter, den Text zu korrigieren und nachzubessern, wenn er dir nicht auf Anhieb gefällt.

1. **Schreibe einen Bericht über ein Erlebnis, das du im Zusammenhang mit deinem Lieblingsgebäck oder -kuchen gehabt hast. Nimm dir dafür ein leeres Blatt oder schreibe in dein Heft.**

2. **Schreibe ein Rezept für deine Mitschüler, damit sie dein Lieblingsgebäck oder deinen Lieblingskuchen nachbacken können. Benutze dafür das Arbeitsblatt auf der nächsten Seite als Vorlage. Du solltest dir für diese Aufgabe auch ein Backbuch zu Hilfe nehmen. Sicher kannst du bei deiner Mutter, Oma, Tante ... oder in der Bibliothek eins ausleihen.**

Du könntest so anfangen:

> Zu meinem _____ Geburtstag hatte ich mir von meiner Mutter (meinem Vater) _____ gewünscht. ...
>
> oder
>
> Als meine Mutter (mein Vater) einmal _____ gebacken hat, konnte ich es kaum erwarten, dass _____ fertig wurde. ...

Hier ein Vorschlag, wie du dein Rezept einleiten könntest:

> Meinen Lieblingskuchen – oder mein Lieblingsgebäck – kann ich auch selber backen, na ja, vielleicht nicht ganz alleine. Ein bisschen Hilfe kann schließlich jeder gebrauchen.
>
> Auf jeden Fall braucht man dafür folgende Zutaten: ...

Diktate üben – locker! 5–6

Alles braucht seine Zeit

Übung: Ein Backrezept schreiben

Und nun bist du dran!

Achte darauf, dass du außer den Zutaten nichts aus dem Backbuch abschreibst. Beschreibe die Zubereitung des Kuchens oder Gebäcks mit deinen eigenen Worten. Denke dabei an die richtige Abfolge der Arbeitsschritte, an die Backtemperatur, die Backdauer usw.

Wenn du fertig bist, kannst du dein Rezept von deinem Lehrer oder deiner Lehrerin korrigieren lassen und es anschließend deinen Mitschülern diktieren. Du kannst dein Rezept aber auch noch mit einem selbst gemalten Kuchen oder anderen Bildern verzieren und es dann für deine Mitschüler kopieren.

Übrigens, wer macht eigentlich die Küche anschließend wieder sauber?

Alles braucht seine Zeit

Übung:

Regelmäßige Steigerung von Adjektiven

A

**In den Sätzen 19 und 20 kommt ein Wort dreimal vor.
Nur die Endungen dieses Wortes sind ein wenig verändert.
Hast du es gefunden?**

Genau, es ist das Wort _____.

B

**Schreibe nun die drei Wörter genau so, wie sie
in den beiden Sätzen stehen, nebeneinander auf.**

_____, _____, am _____

Sieh dir die Wörter noch einmal genau an.

C

**Verändere nun die Wörter im folgenden Kasten
in der gleichen Weise.**

schön, _____, am schönsten	bunt, _____, am _____
_____, lauter, am _____	_____, heller, am _____
_____, _____, am frechsten	_____, _____, am heißesten
klein, _____, am _____	_____, klüger, am _____
_____, schneller, am _____	_____ _____ _____
_____, lieber, am _____	_____ _____ _____
langsam, _____, am _____	
_____, _____, am coolsten	
_____, härter, am _____	

Für die letzten fünf Zeilen kannst du dir selbst Wörter ausdenken.

Übung: Regelmäßige Steigerung von Adjektiven (Fortsetzung)

„Wunderbar", „schön", „laut" und alle anderen Wörter, die du in der Tabelle verändert hast, nennt man Adjektive (Wie-Wörter). Das war dir sowieso schon klar, oder? Und dass es sich bei „schöner", „am schönsten" nur um Steigerungen von „schön" handeln kann, ist logisch. Man spricht hier auch von Steigerungsstufen. Die Stufen kannst du dir wie die Stufen einer Treppe vorstellen.

hoch — höher — am höchsten

Wir haben also eine Treppe mit drei Steigerungsstufen. Und nun: Konzentration bitte! Die drei Stufen haben Namen, die ihr vielleicht schon kennt, vielleicht auch nicht.

Die Namen lauten:
Positiv (Grundstufe)
Komparativ (Mehrstufe)
Superlativ (Meiststufe)

Jetzt könnt ihr die lateinischen Namen an die Treppenstufen schreiben.
Das ist doch super-einfach oder etwa nicht?

Da ihr gerade so schön in Form seid, könnt ihr nun auch hinter die folgenden Adjektive den richtigen Stufennamen schreiben.

kleiner	➡ Komparativ	klein	➡	
frech	➡	am lautesten	➡	
leise	➡	leiser	➡	
klüger	➡	heiß	➡	
am tiefsten	➡	am kältesten	➡	
härter	➡			

Volltext

Verzögerte Planung

1. Im ersten Augenblick dachte Max überhaupt nicht mehr an den Keller.
2. Auch Murats Gedanken hatten nichts mit Schatten im Keller zu tun.
3. Jens beschäftigte sowieso nur der Teller auf dem Tisch.
4. Zuerst war jetzt das Gebäck an der Reihe.
5. Der Keller konnte warten.
6. Die drei Freunde beschäftigten sich nur noch damit, wie sie möglichst bald essen, mampfen oder reinhauen könnten.
7. Endlich kam Murats Mutter ins Zimmer.
8. Freundlich bot sie den drei Freunden das köstliche Gebäck an.
9. Jetzt konnte es also richtig losgehen mit dem Essen, dem Mampfen und – na ja, ihr wisst schon.
10. Erst nach dem letzten Bissen erinnerten sie sich wieder an das Kellerproblem.
11. Jens wollte eigentlich noch ein paar Witze erzählen.
12. Darin war er nämlich riesig.
13. Max wurde aber allmählich unruhig.
14. Deshalb schlug er vor die Witze diesmal zu verschieben.
15. Stattdessen erzählte er noch einmal, was er im Keller erlebt hatte.
16. Zusammen würden sie es sicher schaffen den Fall zu klären.
17. Das sei doch selbstverständlich, erklärten Murat und Jens.
18. Schließlich hätten sie bisher noch alle Probleme gelöst.
19. Bei der letzten Mathearbeit hätte das aber nicht funktioniert, gab Max zu Bedenken.
20. Er erinnerte sie daran, dass Jens ihm einen Zettel mit Witzen anstelle von vernünftigen Lösungen zugeschoben hatte.
21. Dass er den Zettel mit den Witzen und den natürlich richtigen Lösungen verwechselt habe, sei ihm jetzt noch peinlich, gab Jens kleinlaut zu.
22. Seine Zensur sei noch peinlicher gewesen, maulte Max.
23. Nun wurde es aber wirklich Zeit für den Keller.
24. Gemeinsam wollten sie den Keller erkunden.
25. Das war sehr schnell klar.
26. Aber wie sollte das vor sich gehen?
27. Sein Opa sage häufig, der Mensch sei ein Gewohnheitstier, murmelte Murat vor sich hin.
28. Dann träfe das auf Tiere ja wohl erst recht zu, grübelte Jens.
29. In Krimis kämen die Täter immer wieder zum Tatort zurück, steuerte Max bei.
30. Zu welchem Ergebnis diese Gedanken die drei führen, erfahrt ihr in der nächsten Geschichte.

Verzögerte Planung

Klassendiktat (120 Wörter)

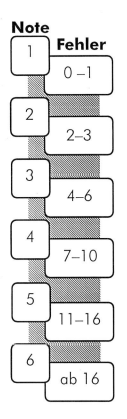

Verzögerte Planung

Im ersten Augenblick dachte Max überhaupt nicht mehr an den Keller.
Zuerst war jetzt das Gebäck an der Reihe.
Die drei Freunde beschäftigten sich nur noch damit,
wie sie möglichst bald essen, mampfen oder reinhauen könnten.
Endlich kam Murats Mutter ins Zimmer.
Freundlich bot sie den drei Freunden das köstliche Gebäck an.
Erst nach dem letzten Bissen erinnerten sie sich wieder an das Kellerproblem.
Jens wollte eigentlich noch ein paar Witze erzählen.
Max wurde aber allmählich unruhig.
Deshalb schlug er vor, die Witze diesmal zu verschieben.
Stattdessen erzählte er noch einmal, was er im Keller erlebt hatte.
Zusammen würden sie es sicher schaffen den Fall zu klären.
Gemeinsam wollten sie den Keller erkunden.
Das war sehr schnell klar.

Verzögerte Planung

Übung:

Wortfeldarbeit zum Verb „essen"

In einem Satz kommen drei Verben (Tätigkeitswörter) vor, die etwas mit der Nahrungsaufnahme zu tun haben.

Und nun bist du wieder dran.

**Notiere auf den Schreiblinien unten so viele Verben wie möglich, die man abgesehen von „essen" noch verwenden kann, um auszudrücken, dass Nahrung aufgenommen wird.
Zuerst solltest du aber den Satz im Text finden, in dem die drei Verben zur Nahrungsaufnahme stehen. Unterstreiche sie und trage sie als erste Wörter in die Zeilen unten ein.**

Verben zur Nahrungsaufnahme:

___
___
___
___
___
___
___
___
___
___

In deiner Familie gibt es sicher auch noch den einen oder anderen Menschen, dem hierzu etwas einfällt. Fragen kostet ja nichts!

Verzögerte Planung

Übung:

Unregelmäßige Steigerung von Adjektiven

In der Lerneinheit 3: „Alles braucht seine Zeit" hast du die Steigerungsstufen von Adjektiven kennen gelernt und hast geübt, Adjektive zu steigern.

Im Satz 6 stehen die Verben „essen", „mampfen", „reinhauen".
Zwei von diesen Wörtern stehen auch im Satz 9, nämlich „Essen" und „Mampfen".
In einem Satz werden sie klein geschrieben und in dem anderen groß.
Da es sich nicht um einen Druckfehler handelt, muss es dafür eine Erklärung geben.
Kommst du drauf?

Am besten schreibst du die beiden Sätze hier noch einmal auf.

Satz 6:

_____

_____

_____

_____

_____

Aber, wie steigert man eigentlich „viel" oder „gut"? Auf jeden Fall nicht „vieler", am „vielsten" oder „guter", am „gutesten".

Da hört sich doch „am meisten", „besser", „mehr", „am besten" schon viel besser an, oder?
Jetzt kannst du auch diese beiden Wörter richtig steigern.

Satz 9:

_____

_____

_____

_____

_____

_____

viel, _____, am _____

gut, _____, am _____

Diktate üben – locker! 5–6

Verzögerte Planung

Übung:

Wenn aus Verben Nomen werden

In der Tabelle findest du die Verben aus den Sätzen 6 und 9 und daneben noch einige andere Verben, einmal groß geschrieben, einmal klein geschrieben.

Wann werden aus Verben Nomen?

Kleinschreibung – Großschreibung

essen – dem Essen
mampfen – dem Mampfen
reinhauen – _____
spielen – das Spielen
sitzen – das Sitzen
liegen – das Liegen
werfen – das Werfen
schreiben – das Schreiben
singen – bei dem Singen
trinken – bei dem Trinken

Verben werden groß geschrieben, wenn sie in der Grundform (im Infinitiv) stehen und man einen _____ davor setzen kann.

Vorher solltest du aber klären, wie man die Wörter „der", „die", „das", „dem", „den", „des" nennt.

Man nennt sie
_____.

**Wann werden Verben, wie „reinhauen", groß geschrieben? Fülle die Lücke in der Tabelle aus. Du weißt es ja schon lange.
Falls du auch noch herausfindest, welches Wort in die Lücken der nächsten beiden Sätze kommt, hast du die Lösung gefunden.**

(Vehikel – Karnickel – Artikel – Pumpernickel)
Streiche die falschen Wörter dick durch und schreibe das richtige Wort oben in die Lücken.

So, jetzt hast du auch die Erklärung dafür, wann man Verben groß schreibt.

Und nun noch eine Suchaufgabe. Folgende Wörter kommen in der Geschichte vor. Leider sind sie nicht ganz vollständig.

 Finde die Wörter und vervollständige sie.

end_____, freund_____, richt_____, eigent_____, näm_____,

ries_____, selbstverständ_____, pein_____, wirk_____,

allmäh_____, unruh_____, schließ_____, natür_____,

wahrschein_____.

Volltext

Ein Schatten mit Haut und Haaren

1. Nun müssen aber endlich einige Dinge geklärt werden.
2. Dieser Meinung waren auch die drei Freunde.
3. Sie verabredeten sich für den nächsten Dienstag um 17.00 Uhr bei Max.
4. Dieser Termin schien ihnen der geeignetste um dem Geheimnis im Keller auf die Spur zu kommen.
5. Max hatte nämlich sein Erlebnis auch an einem Dienstag um diese Zeit gehabt.

6. Vielleicht war ja etwas dran an dem Spruch von Murats Opa und der Krimierfahrung von Max.
7. Ihr erinnert euch doch sicher an die Äußerungen an dem Nachmittag bei Murat.
8. Auf jeden Fall dürften sie keinen Krach machen, betonte Jens bei der Vorbereitung.
9. Dabei seien geeignete Schuhe von größter Wichtigkeit, erklärte Murat.
10. Er denke da vor allem an die Lieblingstreter von Max mit den Quietschsohlen.

11. Er solle seine Schweißfüße mal ausnahmsweise in leiseres Schuhwerk stecken.
12. Endlich standen sie vor der Kellertreppentür.
13. Vorsichtig drückte Max die Klinke herunter.
14. Lautlose Stille kam ihnen entgegen.
15. Murat legte den Zeigefinger der rechten Hand an seine geschlossenen Lippen.

16. Max schoss der Spruch von der „Mutter der Porzellankiste" durch den Kopf.
17. Jens dachte an „umkehren".
18. Alle atmeten noch einmal tief durch.
19. Langsam stiegen sie die Treppe Stufe für Stufe hinunter.
20. Unten angelangt bogen sie rechts in den Kellergang ein.

21. Dann tasteten sie sich an den rauen Steinen der Kellerwand vorwärts.
22. Max zuckte zusammen.
23. Da lag ja noch immer …!
24. Gott sei Dank, es war doch keine Hand, sondern nur ein liegengelassener Handschuh.
25. Aus einem Kellerraum direkt neben ihnen hörten sie ein Scharren.

26. Gebannt blieben sie stehen.
27. Murat legte wieder seinen ausgestreckten Zeigefinger an den Mund und Max gab das Zeichen für die Taschenlampen.
28. Die Strahlen der drei Lampen drangen durch die Zwischenräume der Latten in der Tür eines Kellerraums.
29. Und was sie dann sahen, verschlug ihnen die Sprache.
30. Da lag der Schatten in einer Kellerecke, pechschwarz und von fünf kleinen Knäueln umgeben.
31. Eine Katze mit ihren Kindern, die erst wenige Tage alt sein konnten, hatte sich hier versteckt.

Klassendiktat (129 Wörter)

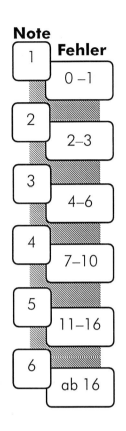

Ein Schatten mit Haut und Haaren

Nun müssen aber endlich einige Dinge geklärt werden.
Dieser Meinung waren auch die drei Freunde.
Sie verabredeten sich für den nächsten Dienstag um 17.00 Uhr bei Max.
Max hatte nämlich sein Erlebnis auch an einem Dienstag um diese Zeit gehabt.
Endlich standen sie vor der Kellertreppentür.
Vorsichtig drückte Max die Klinke herunter.
Murat legte den Zeigefinger der rechten Hand an seine geschlossenen Lippen.
Langsam stiegen sie die Treppe Stufe für Stufe herunter.
Aus einem Kellerraum direkt neben ihnen hörten sie ein Scharren.
Murat legte wieder seinen ausgestreckten Zeigefinger an den Mund und Max gab das Zeichen für die Taschenlampen.
Und was sie dann sahen, verschlug ihnen die Sprache.
Eine Katze mit ihren Kindern, die erst wenige Tage alt sein konnten, hatte sich hier versteckt.

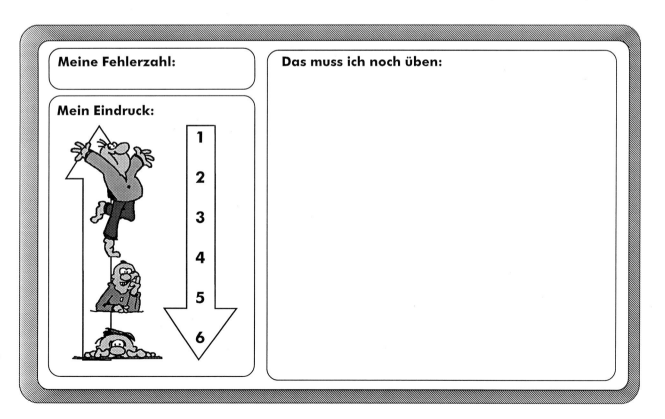

Ein Schatten mit Haut und Haaren

Übung: Eine Bildergeschichte malen

Lies den siebten Satz noch einmal durch. In der Geschichte „Verzögerte Planung" stehen die Äußerungen, von denen in diesem siebten Satz die Rede ist.

Findest du die Sätze? Es sind genau drei. Schreibe sie auf (mit der Satznummer).

Satz _____ _____

_____

Satz _____ _____

_____

Satz _____ _____

_____

Hast du von dem, was in diesen Sätzen steht, auch schon einmal etwas gehört? Berichte deinen Mitschülern davon!

TIPP:
Es muss ja nicht jeder alle Bilder malen. Ihr könnt die Aufgabe auch untereinander aufteilen. Dann solltet ihr euch aber auf ein einheitliches Format einigen, etwa eine halbe DIN-A4-Seite für jedes Bild. Ihr könnt sie dann besser zu einem kleinen Comic zusammenheften.

Zu der Geschichte „Ein Schatten mit Haut und Haaren" kannst du sicher einige Bilder malen. Vielleicht kannst du dir auch eine ganze Bildergeschichte ausdenken und sie so zeichnen wie einen Comic. Nimm dir dazu ein großes Blatt Papier aus einem Zeichenblock (DIN-A3).

Das geht einfacher, wenn man sich vorher Überschriften zu den einzelnen Bildern aufschreibt, die man malen will.

Du musst dir die Geschichte also noch einmal genau durchlesen. Wie könnten die Überschriften für eure Bilder lauten?

Ein Vorschlag: In den Sätzen 3, 4 und 5 ist davon die Rede, dass sich die drei Freunde verabreden. Wenn du hierzu ein Bild malen willst, könnte die Überschrift lauten:

„Das Treffen bei Max"

(Schreibe zu jeder Überschrift dazu, auf welche Sätze im Text sie sich bezieht)

Ein Schatten mit Haut und Haaren

Übung: Sprichwörter

In Satz 16 schießt Max ein Sprichwort durch den Kopf, das im Diktat leider nicht vollständig genannt wird. Du findest sicher heraus, wie das Sprichwort lautet.

A

Schreibe es auf.

B

Versuche das Sprichwort mit deinen eigenen Worten zu erklären.

C

Sicher kennst du noch weitere Sprichwörter. Schreibe sie hier auf und spreche dann mit deinen Mitschülern über ihre Bedeutung.

Ein Schatten mit Haut und Haaren

Übung:

Endsilben, an denen man Nomen erkennt

Nomen werden groß geschrieben. Das wisst ihr. Aber, woran erkennt man Nomen? Da gibt es mehrere Möglichkeiten. Eine davon ist die, sich die Endungen der Wörter genau anzusehen.

Wörter, die z.B. mit den Silben „heit" – „keit" – „schaft" – „nis" – „ung" – „tum" enden, sind immer Nomen.
Von diesen Wörtern kommen in der Geschichte ein paar vor.

A **Unterstreiche sie und schreibe sie in die Tabelle. Schreibe die Nomen immer in der Einzahl auf und vergiss nicht, den Artikel davor zu setzen.**

-heit	-keit	-schaft

-nis	-ung	-tum

B **Wenn du an die unvollständigen Nomen unten die richtigen Endsilben anhängst, kannst du sie auch in die Tabelle eintragen.**

C **Vielleicht kennst du noch mehr Nomen, die solche Endungen tragen. Schreibe sie dann auch in die Tabelle.**

Bot_____, Heiter_____, Finster_____, Sauber_____, Dunkel_____,
Wachsam_____, Verlos_____, Trocken_____, Reich_____, Haltbar_____,
Kleid_____, Frei_____, Verwandt_____, Wohn_____, Irr_____, Freund_____,
Gesell_____, Wag_____, Eigen_____, Eigen_____, Gemein_____,
Erkennt_____, Heilig_____, Werb_____, Hinder_____.

Diktate üben – locker! 5–6

Volltext

Was nun?

1. Verdutzt sahen sich die drei Freunde – Max, Murat und Jens – an.
2. Das war also die Lösung für den geheimnisvollen Schatten, der sich bewegt hatte.
3. Eine Katze versorgte in einem leer stehenden Kellerraum ihre fünf Kinder.
4. „Ach du dicker Vater", stieß Max erleichtert aus.
5. „Nicht so laut", zischte Murat, „du weckst sie noch auf."
6. „Wen?", fragte Max.
7. „Deine eingeschlafenen Schweißfüße wahrscheinlich", frotzelte Jens.
8. „Sehr witzig", gab Max zurück.
9. Murat forderte beide zur Ruhe auf, indem er seinen ausgestreckten Zeigefinger an seinen Mund hielt.
10. Diese Bewegung machte er häufig, wenn es ihm zu laut war.
11. Deshalb hatte er von seinen Freunden auch den Spitznamen _____ bekommen.
12. „Und was passiert jetzt?", flüsterte Max.
13. Wieder sahen sie sich an, während sich die Katzenkinder an ihre schnurrende Mutter schmiegten.
14. Für ein paar Sekunden war es ganz still im Keller.
15. Murat hielt noch immer seinen Zeigefinger an den Mund.
16. Jens bewegte die Schultern hoch und wieder runter.
17. Auf der Stirn von Max bildeten sich Falten.
18. Im Keller hörte man nur noch das leise Schnurren der Katze.
19. „Mir fällt nichts ein", sagte Max schließlich.
20. „So siehst du auch aus", bestätigte Jens, „ein bisschen dämlich."
21. Wieder sorgte Murat mit seinem – na, ihr wisst schon – ausgestreckten _____ für Ruhe.
22. „Am besten, wir gehen erst einmal nach oben", flüsterte Murat.
23. „Mit oder ohne?", fragte Max.
24. „Mit oder ohne was?", erkundigte sich Jens.
25. „Meinst du etwa die Katzen?", wollte Murat wissen.

26. „Warum denn nicht?", erklärte Max.
27. „Ja, warum eigentlich nicht?", unterstützte ihn Jens.
28. Sie könnten sich doch gemeinsam um die Katzen kümmern, schlug er vor.
29. Ein plötzliches Fauchen unterbrach ihre Überlegungen.
30. „Na, wollt ihr sie immer noch mitnehmen?", fragte Murat und zeigte auf die Katze, die einen Buckel gemacht hatte und sie feindselig ansah.

Was nun?

Klassendiktat (138 Wörter)

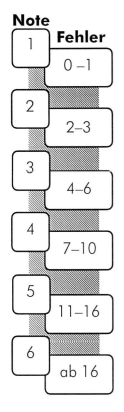

Was nun?

Verdutzt sahen sich die drei Freunde – Max, Murat und Jens – an.
Das war also die Lösung für den geheimnisvollen Schatten,
der sich bewegt hatte.
Eine Katze versorgte in einem leer stehenden Kellerraum
ihre fünf Kinder.
„Ach du dicker Vater", stieß Max erleichtert aus.
„Nicht so laut", zischte Murat, „du weckst sie noch auf."
„Und was passiert jetzt?", flüsterte Max.
Wieder sahen sie sich an, während sich die Katzenkinder an ihre
schnurrende Mutter schmiegten.
„Mir fällt nichts ein", sagte Max schließlich.
„Am besten, wir gehen erst einmal nach oben", flüsterte Murat.
„Mit oder ohne?", fragte Max.
„Meinst du etwa die Katzen?", wollte Murat wissen.
„Warum denn nicht?", erklärte Max.
Ein plötzliches Fauchen unterbrach ihre Überlegungen.
„Na, wollt ihr sie immer noch mitnehmen?", fragte Murat und
zeigte auf die Katze, die einen Buckel gemacht hatte und sie
feindselig ansah.

Was nun?   **Übung: „Ein Spitzname für Murat"**

Welcher Spitzname könnte zu Murat passen?
Einen ganz deutlichen Hinweis gibt es ja in der Geschichte.

 A   **B**

Wenn du einen passenden Spitznamen gefunden hast, fülle die Lücke im elften Satz aus.

**Die Lücke in Satz 21 hast du wahrscheinlich schon ausgefüllt.
Das Wort kann nur _____ heißen.**

Übung: Wörtliche Rede

 A   **B**

**In der Geschichte unterhalten sich die drei Freunde direkt miteinander.
Das, was sie direkt (oder wörtlich) sagen, kennzeichnet man mit besonderen Zeichen, damit man es als direkte Rede vom übrigen Text unterscheiden kann.
Diese Zeichen nennt man _____ .**

**Suche nun aus der Geschichte die Sätze heraus, die in die unten vorgegebenen Lücken zwischen die Satzzeichen passen.
Auf jeden Strich kannst du ein Wort setzen.
Schreibe jeweils die Satznummern vor die Sätze.**

Konzentration! Jedes Zeichen – auch das Fragezeichen – ist wichtig!

1. Satz____ „_____?", _____ _____.

2. Satz____ „_____", _____ _____.

3. Satz____ „_____ _____ _____ _____?", _____ _____.

4. Satz____ „_____ _____ _____ _____ _____ „, _____ _____,
„_____ _____ _____ _____ _____."

5. Satz____ „_____ _____, _____ _____ _____
„, _____ _____.

6. Satz____ „_____ _____ _____ _____ „,
_____ _____, „_____ _____."

Was nun?   **Übung: Satzzeichen**

 In die nächsten fünf Sätze kannst du jetzt die Zeichen der „wörtlichen Rede" einsetzen. Vergiss dabei die Kommas nicht!

Aufgepasst! In den letzten Satz musst du ein Satzzeichen einsetzen, das in der Geschichte nicht vorkommt.

Es ist der _____.

1. Ach du dicker Vater ruft Max als er die Katzen sieht.
2. Du weckst sie noch auf zischt Murat wenn du so laut bist.
3. Mir fällt nichts ein sagt Max.
4. Ein bisschen dämlich siehst du auch aus bestätigt Jens.
5. Max flüstert Und was passiert jetzt?

Übung: Eine Szene illustrieren

 Male ein Bild zu der Situation, die in den Sätzen 13, 14 und 15 beschrieben wird.

 Denke dir auch eine Überschrift für dein Bild aus.

Was nun?

Übung:

Umgang mit dem Wörterbuch

In der Geschichte kommen neun verschiedene Wörter vor, die mit „tz" geschrieben werden.

Schreibe jedes Wort mit „tz" unten <u>nur einmal</u> auf und notiere auch immer die Satznummer dazu.

Suche diese Wörter dann zusätzlich in deinem Wörterbuch und schreibe neben jedes Wort die entsprechende Seite im Wörterbuch, auf der du das Wort gefunden hast.

Wörter mit „tz"

1. Satz __ _____ Seite im Wörterbuch: _____.
2. Satz __ _____ Seite im Wörterbuch: _____.
3. Satz __ _____ Seite im Wörterbuch: _____.
4. Satz __ _____ Seite im Wörterbuch: _____.
5. Satz __ _____ Seite im Wörterbuch: _____.
6. Satz __ _____ Seite im Wörterbuch: _____.
7. Satz __ _____ Seite im Wörterbuch: _____.
8. Satz __ _____ Seite im Wörterbuch: _____.
9. Satz __ _____ Seite im Wörterbuch: _____.

Hier könnt ihr noch mehr Wörter mit „tz" sammeln, die euch selbst einfallen.

_____

_____

_____

_____

Volltext

Das Schicksal der Katzen

1. So leise, wie sie in den Keller gegangen waren, stiegen sie die Kellertreppe auch wieder hinauf.
2. „Was die Katzen jetzt wohl machen?", flüsterte Max, nachdem er die Kellertür hinter sich abgeschlossen hatte.
3. „Dasselbe wie eben, du Dösel", antwortete Jens mit kaum hörbarer Stimme.
4. „Sind euere Stimmbänder eingerostet?", mischte sich nun Murat ein.
5. Gereizt gab Max zurück, dass sie auch weiter vorsichtig sein müssten.

6. „Oder willst du, dass die Katzen morgen nicht mehr leben?", zischte er seine beiden Freunde an.
7. „Jetzt hat's ihn erwischt", stellte Jens fest.
8. „Ja, ja, noch so jung und schon einen Stich in der Birne", frotzelte Murat.
9. „Mord und Totschlag im Katzenkeller", stichelte nun Jens.
10. „Haltet endlich die Klappe", fuhr Max dazwischen.

11. Sie hätten ja keine Ahnung.
12. Im letzten Sommer sei etwas Entsetzliches in seinem Haus passiert.
13. Das wisse er aber auch erst seit gestern.
14. Seine Schwester habe es zufällig erfahren.
15. Man sah Jens und Murat an, dass sie nun stutzig wurden.

16. Sie forderten Max ungeduldig auf, ihnen alles zu erzählen.
17. „Hat es was mit Katzen zu tun?", fragte Jens neugierig.
18. „Nicht nur mit Katzen", erklärte Max.
19. Sie müssten jedenfalls höllisch aufpassen, fuhr er fort.
20. Die Katzen befänden sich nun mal in Lebensgefahr.

21. Dann solle er sie endlich aufklären, forderte Murat Max auf.
22. Zuerst müssten sie einen anderen Platz aufsuchen, betonte Max.
23. Die Gefahr lauere nämlich in der Wohnung im Erdgeschoss.
24. „Dann nichts wie weg", drängte Murat.
25. Sie verabredeten sich zu einem Treffen auf einem nahe gelegenen Bolzplatz.

26. Dort gab es meistens eine Ecke, in der man sich ungestört unterhalten konnte.
27. „Wer als erster da ist", gab Jens das Kommando.
28. Abgehetzt erreichten sie den Platz.
29. Ihre Lieblingsstelle an einer großen Kastanie war noch frei.
30. Sie setzten sich dort auf den Boden und Max fing an zu erzählen.

Klassendiktat (142 Wörter)

Note	Fehler
1	0–1
2	2–3
3	4–6
4	7–10
5	11–16
6	ab 16

Das Schicksal der Katzen

So leise, wie sie in den Keller gegangen waren,
stiegen sie die Kellertreppe auch wieder hinauf.
„Was die Katzen jetzt wohl machen?", flüsterte Max,
nachdem er die Kellertür hinter sich abgeschlossen hatte.
„Dasselbe wie eben, du Dösel", antwortete Jens mit kaum hörbarer Stimme.
„Sind euere Stimmbänder eingerostet?", mischte sich nun Murat ein.
Gereizt gab Max zurück, dass sie auch weiter vorsichtig sein müssten.
Im letzten Sommer sei etwas Entsetzliches in seinem Haus passiert.
Seine Schwester habe es zufällig erfahren.
„Hat es was mit Katzen zu tun?", fragte Jens neugierig.
„Nicht nur mit Katzen", erklärte Max.
Sie müssten jedenfalls höllisch aufpassen, fuhr er fort.
Dann solle er sie endlich aufklären, forderte Murat Max auf.
Zuerst müssten sie einen anderen Platz aufsuchen, betonte Max.
Sie verabredeten sich zu einem Treffen auf einem nahe gelegenen Bolzplatz.
Abgehetzt erreichten sie den Platz.

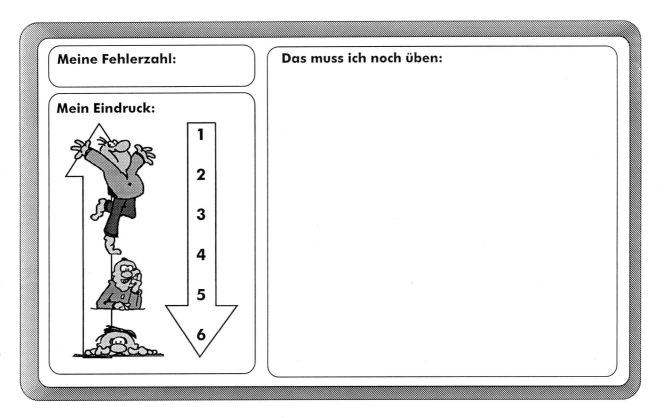

 **Das Schicksal der Katzen**

Übung:

Eine Fortsetzungsgeschichte schreiben

Versuche die Geschichte weiterzuerzählen.

Was könnte das „Entsetzliche" gewesen sein, das Max von seiner Schwester erfahren hat? Welche Folgen könnte das für die Katzen haben?
Können die drei Freunde Unheil verhindern?

Das sind einige der Fragen, die du dir stellen kannst, bevor du mit dem Schreiben beginnst. Und hier noch einige Vorschläge für den Anfang deiner Fortsetzungsgeschichte:

1
„Also, das war so", begann Max zu erzählen.
Die drei Freunde rückten enger zusammen. ...

2
„Ihr müsst mir versprechen, dass das, was ich euch jetzt erzähle, unter uns bleibt", beschwor Max seine Freunde. ...

3
„Meine Schwester, die Kerstin, stresst ja manchmal ganz schön rum. Aber was Tiere angeht, ist die wirklich total informiert. Deshalb wusste sie auch ..."

Du kannst aber auch ganz anders anfangen.
Auf jeden Fall solltest du dir ein neues Blatt für deine Fortsetzung der Geschichte nehmen. Denke dir auch eine Überschrift für die Geschichte aus.

Das Schicksal der Katzen

Übung:

Direkte Rede – indirekte Rede

Du erinnerst dich sicher an die „Strichsätze" in der Übung „Wörtliche Rede" auf S. 38, wo nur die Zeichensetzung vorgegeben war und wo Schreiblinien deutlich gemacht haben, an welchen Stellen wie viele Wörter einzusetzen waren. Es ging bei dieser Übung darum, dass die _____ Rede durch besondere Satzzeichen markiert wird.

B

Sieh dir den Satz Nr. 5 noch einmal genau an und schreibe ihn zur Sicherheit in die folgenden Zeilen:

Satz 5: _____

_____

_____

_____

A

Sicher bist du jetzt noch schneller als beim letzten Mal, wenn es darum geht, die Sätze zu finden, die zu den unten vorgegebenen Satzzeichen und Linien passen. Guck dir den Text „Das Schicksal der Katzen" auf die Zeichensetzung hin noch einmal genau an. Trage dann die entsprechenden Sätze mit den dazugehörigen Satznummern unten ein.

Jeder Strich bedeutet wieder ein Wort, und wieder ist jedes Satzzeichen wichtig.

Satz ____ „____ ____
____ ____ ____
____ ____ ?", ____
____ ____ .

Satz ____ „____ ____
____ ____ ____
____ ", ____
____ ____ .

Satz ____ „____ ____
____ ____ ____
____ ____ ",
____ ____ .

Satz ____ „____ ____
____ ____ ____
____ ____ ",
____ ____
____ .

Auch in diesem Satz erfährst du, dass Max etwas sagt. Das, was er sagt, steht aber trotzdem nicht in Anführungszeichen. Kannst du dir denken, woran das liegt?

Vielleicht habt ihr diese Frage ja auch schon im Unterricht besprochen. Dann erinnerst du dich (oder auch nicht) daran, dass man nur solche Wörter in Anführungszeichen setzt, die jemand auch wirklich ganz genau so, wie sie aufgeschrieben sind, sagt oder gesagt hat.

Bitte merken:

Anführungszeichen werden nur dann gesetzt, wenn etwas direkt oder wörtlich gesagt wird!

Das Schicksal der Katzen

Übung:

Direkte Rede – indirekte Rede (Fortsetzung)

C

Wenn man im Satz 5 Anführungszeichen setzen möchte, muss dieser Satz ein bisschen anders lauten. Nämlich?

Satz 5:   Gereizt gab Max zurück:

„_____

_____"

D

Versuche nun die Sätze 19 und 22 auch so zu verändern, dass sie „wörtliche Rede" enthalten.
Schreibe die beiden Sätze zuerst so auf, wie sie in der Geschichte stehen und verändere sie dann erst.

Satz 19: _____

_____

Satz 19 mit wörtlicher Rede: _____

_____

Satz 22: _____

_____

Satz 22 mit wörtlicher Rede: _____

_____

E

In der Geschichte kommen noch acht andere Sätze vor, in denen nicht wörtlich (oder direkt), sondern indirekt gesprochen wird. Nimm dir ein leeres Blatt Papier oder dein Heft und schreibe diese Sätze auf, mit ihren Nummern davor. Formuliere die Sätze dann so um, dass die indirekte Rede zur direkten Rede wird.

# Das Schicksal der Katzen

Übung: Wörter mit „z" und „tz"

In dieser Geschichte gibt es wieder einige Wörter, die mit „tz" geschrieben werden. Du findest 12 verschiedene Wörter mit „tz", wenn du genau liest.

Unterstreiche diese Wörter im Text und schreibe sie dann heraus. Achte darauf, dass du kein Wort doppelt notierst.

Wörter mit „tz"
1. _____
2. _____
3. _____
4. _____
5. _____
6. _____
7. _____
8. _____
9. _____
10. _____
11. _____
12. _____

Hier sind einige Wörter unvollständig. Mache ganze Wörter daraus, indem du in die Lücken entweder ein „tz" oder ein „z" setzt.

Wenn du dir bei einem Wort über die Schreibweise nicht sicher bist, nimm ein Wörterbuch zu Hilfe.

„tz" oder „z"?

da___wischen, tro___dem, Pla___, Bol___pla___, schmu___ig,

sal___ig, Matra___e, kreu___en, Mü___e, Gei___kragen, Brennhol___,

Vorsä___e, spi___, fro___eln, Ar___t, schwar___, se___en, Hei___ung,

beschü___en, Wi___, Fortse___ungsgeschichte

Diktate üben – locker! 5–6   **46**

Volltext

Immer wieder Ablenkungen

1. „Also, meine Schwester hat mir die Geschichte erst jetzt erzählt, weil sie auch die Hosen voll hatte", begann Max.
2. „Womit?", unterbrach ihn Murat mit scheinheiligem Lächeln.
3. „Blödmann", fuhr Max ihn an.
4. „Dummdösel", konterte Murat.
5. Jens ahnte nichts Gutes bei diesen Bemerkungen.

6. Das konnte zu einem heftigen Streit ausarten.
7. Den wollte er jedoch auf jeden Fall vermeiden.
8. Schließlich waren sie doch wegen der Katzen auf dem Bolzplatz.
9. Nach dieser Unterbrechung forderte Jens Max auf seine Geschichte weiterzuerzählen.
10. Murat versprach daraufhin nichts Dummes mehr zu äußern.

11. In Wirklichkeit sei er schon ganz gespannt auf die Geschichte mit der Schwester von Max.
12. Nach dieser Erklärung war der Frieden wiederhergestellt.
13. Max erinnerte seine Freunde noch einmal an das Hobby seiner Schwester.
14. „Für Tiere tut die alles", fuhr er fort.
15. Vor allem Hunde, Katzen und Ratten hätten es ihr angetan.

16. Verblüfft sahen sich Jens und Murat an.
17. „Ratten?", staunte Jens.
18. „Wieso denn ausgerechnet Ratten?", wollte auch Murat wissen.
19. „Wegen der Tierversuche", erklärte Max.
20. Darüber habe er schon mal etwas Merkwürdiges im Fernsehen gesehen, erinnerte sich Jens.

21. Wahrscheinlich würden da Katzen und Ratten miteinander gekreuzt, bemerkte Murat.
22. „Das Ergebnis sind dann die berühmten Ratzen", fuhr er grinsend fort.
23. So eine blöde Bemerkung könne ja nur von einem Deutü kommen, frotzelte Max.
24. „Was ist denn das nun wieder?", erkundigte sich Jens.
25. „Das ist auch eine Kreuzung, und zwar eine ganz besonders komische", antwortete Max lachend.

26. Falls er damit gemeint sei, verstehe er nur Bahnhof, bemerkte Murat.
27. Dann solle er seine kleinen grauen Zellen mal in Gang setzen, erwiderte Max.
28. So schwer sei das nun auch nicht zu verstehen, fuhr er fort.
29. „Na klar, ich hab's", rief Jens.
30. „Dann bin ich ja wohl ein Poldeu", ergänzte er noch.

Diktate üben – *locker!* 5–6   **47**

Immer wieder Ablenkungen

Klassendiktat (127 Wörter)

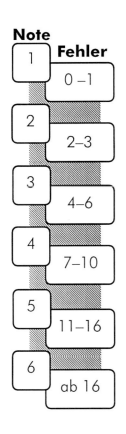

Immer wieder Ablenkungen

„Also, meine Schwester hat mir die Geschichte erst jetzt erzählt, weil sie auch die Hosen voll hatte", begann Max.

„Womit?", unterbrach ihn Murat mit scheinheiligem Lächeln.

„Blödmann", fuhr Max ihn an.

„Dummdösel", konterte Murat.

Nach dieser Unterbrechung forderte Jens Max auf, seine Geschichte weiterzuerzählen.

Max erinnerte seine Freunde noch einmal an das Hobby seiner Schwester.

„Für Tiere tut die alles", fuhr er fort.

Vor allem Hunde, Katzen und Ratten hätten es ihr angetan.

„Ratten?", staunte Jens.

„Wegen der Tierversuche", erklärte Max.

Wahrscheinlich würden da Katzen und Ratten miteinander gekreuzt, bemerkte Murat.

„Das Ergebnis sind dann die berühmten Ratzen", fuhr er grinsend fort.

So eine blöde Bemerkung könne ja nur von einem Deutü kommen, frotzelte Max.

„Was ist denn das nun wieder?", erkundigte sich Jens.

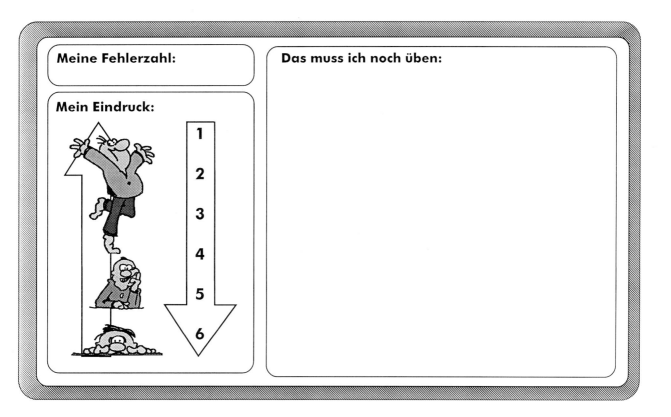

Immer wieder Ablenkungen

Übung: „Kreuzungen"

In der Geschichte „Immer wieder Ablenkungen"
macht Murat eine Bemerkung über eine neue Tierkreuzung.

 Welche Tiere sollen da miteinander gekreuzt werden, und wie soll das Ergebnis heißen?

_____

_____

 Max hält diese Bemerkung für ziemlich blöd. Wie nennt er deshalb Murat?

_____

Bei dieser Bezeichnung hat Max offensichtlich auch an eine
Kreuzung gedacht, und zwar zwischen zwei unterschiedlichen Völkern.

 Welche Völker gemeint sind, ist klar, oder? Nämlich ...

_____

 Nun kannst du dir selbst Kreuzungen ausdenken. Schreibe sie auf und lies sie deinen Mitschülern vor. Sie sollen dann erraten, welche Tierarten oder Völker du miteinander gekreuzt hast.

Tier + Tier
Die Kamschrecke – Kamel + Heuschrecke

Volk + Volk
Der Irzose – Ire + Franzose

Kreuzungen zwischen Tier + Tier   **Kreuzungen zwischen Volk + Volk**

_____   _____

_____   _____

_____   _____

_____   _____

 **Fertige nun von der Tierkreuzung, die dir am besten gefällt, eine oder auch mehrere Zeichnungen an. Dabei muss dein Favorit nicht unbedingt deiner eigenen Fantasie entsprungen sein. Du kannst auch eine Kreuzung zeichnen, die einer deiner Mitschüler erfunden hat.**

Diktate üben – locker! 5–6

Immer wieder Ablenkungen

Übung:

Wenn Adjektive zu Nomen werden

Adjektive (Wie-Wörter) werden normalerweise kleingeschrieben.
Zum Beispiel:
– die dumme Bemerkung
– die gute Note
– das rote Gesicht
Es kommt aber leider auch vor, dass aus Adjektiven Nomen werden.
Dann werden sie – wie alle anderen Nomen auch – großgeschrieben.

Wenn du dir die Sätze im Kasten rechts genau durchliest, kommst du wahrscheinlich von selbst drauf, wann aus einem Adjektiv ein Nomen wird. Sprich mit deinem Tischnachbarn darüber.

Auch in der Geschichte „Immer wieder Ablenkungen" kommen drei Sätze vor, in denen Adjektive zu Nomen geworden sind. Schreibe sie mit der dazugehörigen Satznummer unter die folgenden Sätze.

➺ Die dumme Bemerkung tat ihm Leid.
  Es tat ihm Leid, dass er etwas Dummes gesagt hatte.

➺ Er freute sich über ihre guten Wünsche.
  Sie wünschte ihm alles Gute.

➺ Sie war der Meinung, dass sie keine schlimmen Bemerkungen gemacht hatte.
  Sie war der Meinung, dass sie nichts Schlimmes gesagt hatte.

➺ Es fällt manchmal schwer, schlechte Erfahrungen zu vergessen.
  Manches Schlechte kann man einfach nicht vergessen.

➺ In dem Wetterbericht kommen keine angenehmen Temperaturen vor.
  Der Wetterbericht verspricht wenig Angenehmes.

➺ Sie dachte an manche schönen Dinge.
  Sie dachte an mancherlei Schönes.

➺ In der Zeitung stehen viele schlechte Nachrichten.
  In der Zeitung steht viel Schlechtes.

Jens hatte keine guten Ahnungen bei diesen Bemerkungen.

Satz ___ _____

Murat versprach daraufhin keine dummen Bemerkungen mehr zu machen.

Satz ___ _____

Jens erinnerte sich, dass er darüber schon mal einen merkwürdigen Bericht im Fernsehen gesehen habe.

Satz ___ _____

 **Immer wieder Ablenkungen**

Übung:

Wenn Adjektive zu Nomen werden (Fortsetzung)

Hast du inzwischen herausgefunden, wann Adjektive zu Nomen werden?

 Fülle mit diesen sieben Wörtern jetzt die Lücken auf dem Merkzettel unten aus.

TIPP:
Die Großschreibung hängt mit dem Wort zusammen, das vor dem großgeschriebenen Adjektiv steht.

Bitte merken:

Nach _____ ,
_____ ,
_____ ,
_____ ,
_____ ,
_____ ,
_____ ,

schreibt man Adjektive groß.

Wenn du dir noch einmal die Sätze auf der voranstehenden Seite durchliest, dann findest du darin insgesamt sieben Wörter, nach denen man Adjektive großschreibt.

 Setze unten in den Text die folgenden Adjektive ein.
Beachte dabei die Groß- und Kleinschreibung und berücksichtige, dass die Adjektive etwas andere Endungen bekommen müssen.

Adjektive:
abenteuerlich – gut – bedrohlich – möglich –
undeutlich – unheimlich – dunkel

Die drei Freunde auf der Suche nach dem Schatten

Die drei Freunde ahnten nichts _____ , als sie in den _____ Keller gingen.

Manches _____ konnte ihnen dort begegnen.

Der _____ Schatten konnte ja auch etwas _____ bedeuten.

Obwohl sie gemeinsam schon manch'_____ erlebt hatten,

fürchteten sie sich jetzt doch ein bisschen.

Bei dieser Unternehmung war alles _____ zu erwarten.

Volltext

Die Versuchsanlage

1. Die Abstammung von Murat und Jens war schnell geklärt.
2. Max konnte also endlich erzählen, was er von seiner Schwester Kerstin erfahren hatte.
3. Er hatte ja schon angedeutet, dass etwas Entsetzliches geschehen sei.
4. Sie wollten sich jetzt auch nicht mehr gegenseitig ablenken.
5. Sie rückten noch enger zusammen.

6. Es musste ja nicht jeder mitbekommen, was sie miteinander beredeten.
7. Max berichtete von einer Anlage am Stadtrand.
8. Die Gebäude dieser Anlage seien mitten in einem kleinem Wald errichtet worden.
9. Die Zufahrt dorthin sei nur denen gestattet, die dort arbeiten würden.
10. Nur durch einen Zufall sei eine Freundin von Kerstin auf diesen Gebäudekomplex aufmerksam geworden.

11. „Kerstin und ihre Freundin gehören beide zu einer Gruppe, die sich um Tiere kümmert", fügte er noch hinzu.
12. „Um welche Tiere?", wollte Murat wissen.
13. „Besser gesagt, um die richtige Haltung von Tieren und so was", ergänzte Max.
14. „Und in der Anlage im Wald werden Tiere nicht richtig gehalten?", fragte Jens.
15. „Nicht nur das, viel schlimmer", erwiderte Max.

16. Dort mache man etwas Widerliches mit den Tieren.
17. „Die Einzelheiten, die ich von meiner Schwester erfahren habe, will ich euch lieber nicht erzählen", fuhr Max fort.
18. „Mir ist", so berichtete er weiter, „bei der Erzählung auf jeden Fall speiübel geworden."
19. Diese Erklärung machte Murat offensichtlich nervös.
20. Auch Jens rutschte unruhig hin und her.

21. Er solle ihnen endlich sagen, was dort mit den Tieren gemacht würde, fuhr Murat Max an.
22. „Mich interessiert auch", fuhr Jens ärgerlich dazwischen, „was die ganze Geschichte mit unseren Katzen zu tun haben soll."
23. „Leider eine ganze Menge", sagte Max.
24. Dann solle er gefälligst mit der Sprache rausrücken, bedrängte ihn Murat.
25. Max sah ein, dass er nun nichts mehr verschweigen konnte.

26. „Also, dort wird mit lebendigen Tieren experimentiert", begann er.
27. „Wie experimentiert?", fragte Jens.
28. Einigen würden Krebszellen eingepflanzt, anderen Krankheitserreger eingespritzt und Medikamente eingetrichtert.
29. Seine Schwester habe ihm sogar Bilder von gefesselten und geknebelten Tieren gezeigt.
30. „Und dafür brauchen die auch Katzen, stimmt's", stellte Jens fest.
31. „Ach du Scheiße", äußerte Murat zu dieser Bemerkung.

Klassendiktat (136 Wörter)

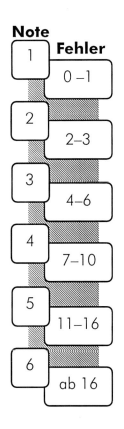

Die Versuchsanlage

Die Abstammung von Murat und Jens war schnell geklärt.
Max konnte also endlich erzählen, was er von seiner Schwester Kerstin erfahren hatte.
Sie wollten sich jetzt auch nicht mehr gegenseitig ablenken.
Max berichtete von einer Anlage am Stadtrand.
Die Zufahrt dorthin sei nur denen gestattet, die dort arbeiten würden.
Nur durch einen Zufall sei eine Freundin von Kerstin auf diesen Gebäudekomplex aufmerksam geworden.
Dort mache man etwas Widerliches mit den Tieren.
„Die Einzelheiten, die ich von meiner Schwester erfahren habe,
will ich euch lieber nicht erzählen", fuhr Max fort.
Er solle ihnen endlich sagen, was dort mit den Tieren gemacht würde, fuhr Murat Max an.
Max sah ein, dass er nun nichts mehr verschweigen konnte.
„Also, dort wird mit lebendigen Tieren experimentiert", begann er.
„Und dafür brauchen die auch Katzen, stimmt's", stellte Jens fest.

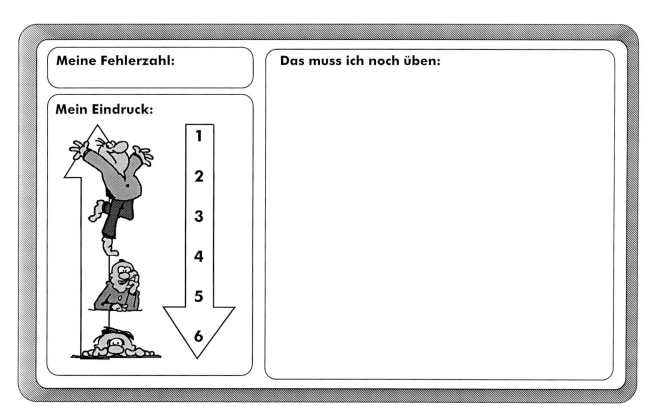

Die Versuchsanlage

Übung: „Tierversuche"

In der Geschichte kommt ein Begriff vor,
den du vielleicht nicht kennst.
Es ist der Begriff „Gebäudekomplex".

**Wenn du die Geschichte „Die Versuchsanlage" aufmerksam durchgelesen hast, kannst du diesen Begriff sicher richtig erklären.
Falls nicht, lies dir den Text noch einmal durch.**

Ein Gebäudekomplex besteht aus

_____ Häusern oder Gebäuden.

**In diesem Gebäudekomplex wird mit Tieren experimentiert. Weißt du, weshalb solche Experimente gemacht werden?
Sprecht in eurer Klasse gemeinsam über dieses Thema. Vielleicht haben einige von euch ja schon einmal etwas darüber gehört und können noch mehr zu diesen Tierversuchen sagen.**

Es gibt aber auch Organisationen und
Vereine, bei denen ihr etwas zu diesem
Thema erfahren könnt.
Vielleicht schreibt ihr einfach an einen solchen
Tierschutzverein oder etwa an den Naturschutzbund.
Dazu muss man erst mal Anschriften haben,
werdet ihr sagen. Richtig! Hier sind welche:

☞ Deutsches Tierhilfswerk e.V.
Presse & Dokumentation
Waldmeisterstr. 95 b
80935 München
im Internet: www.tierhilfswerk.de

☞ Naturschutzbund (NABU)
Bundesgeschäftsstelle
Herbert-Rabius-Straße 26
53225 Bonn
im Internet: www.nabu.de

Versucht es doch auch mal über das Internet.
Euer Lehrer oder eure Lehrerin
kann euch da sicher weiterhelfen. Vielleicht klappt
es mit dem Internet ja
sogar von zu Hause.

In jedem Fall könnt ihr zusammen in der
Schule einen Brief an einen Tierschutzverein
oder auch gleich an mehrere schreiben, und
darum bitten, dass man euch Informationsmaterial schickt.

Die Versuchsanlage

Übung:

Einen Brief in die richtige Form bringen

Was man bei einem Brief beachten muss, weißt du, oder? Hier kannst du dein Wissen noch einmal auf die Probe stellen.

Ⓐ Schneide die ungeordneten Erklärungen unten auf der Seite aus. Ordne sie auf einem leeren Blatt in der richtigen Reihefolge an. Die Kreuzchen auf diesem Übungsblatt helfen dir dabei. Du kannst dabei auch mit deinem Tischnachbarn zusammenarbeiten.

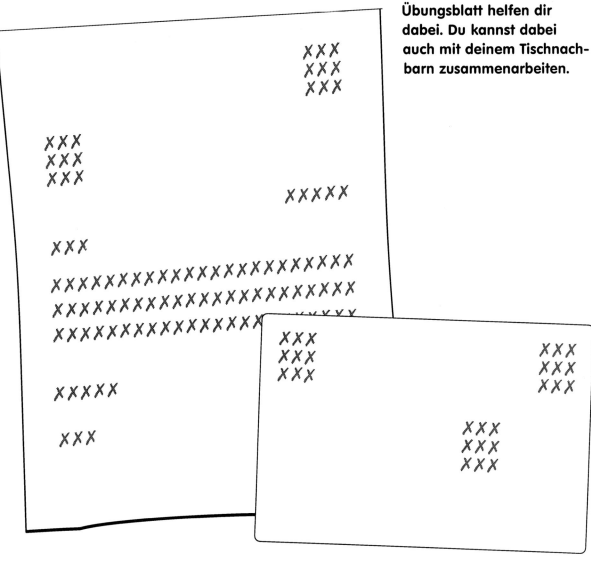

- die korrekte Anschrift
- Ort und Datum
- den Brief unterschreiben
- die richtige Anrede
- Fragen stellen, auf die ihr eine Antwort sucht
- bitten, Informationsmaterial zu schicken
- Denkt an die richtige Briefmarke!
- die Anschrift eurer Schule als Absender
- erklären, wer ihr seid
- begründen, warum ihr schreibt
- euch im Voraus für die Bemühungen bedanken
- (vergesst nicht, euren Lehrer oder eure Lehrerin als Kontaktperson anzugeben!)

Diktate üben – locker! 5–6   **55**

Die Versuchsanlage — **Übung: Nomen im Text erkennen**

Manchmal werden Adjektive zu Nomen. Erinnert ihr euch?
Auch in der Geschichte „Die Versuchsanlage" gibt es zwei Adjektive, die zu Nomen geworden sind, also großgeschrieben werden. Diese Adjektive sollt ihr finden.

Ihr erleichtert euch die Aufgabe, wenn ihr euch vorher noch einmal die Wörter aufschreibt, nach denen Adjektive großgeschrieben werden.

Nach _____, _____, _____, _____, _____ , werden Adjektive großgeschrieben.

A

Schreibe nun aus dem Text die beiden Sätze mit den Adjektiven heraus, die zu Nomen geworden sind. Unterstreiche diese Nomen anschließend.

Satz ___ _____
_____

Satz ___ _____
_____

Alle Wörter mit bestimmten Endungen werden großgeschrieben.
Weißt du noch, um welche Endungen es sich dabei handelt?
Teste selbst, ob du sie noch zusammenbekommst.

Alle Wörter, die auf -heit, _____, _____, _____, _____, _____ enden, werden großgeschrieben.

In der Geschichte kommen sechs von diesen Wörtern vor.
Eins steht im Plural (Mehrzahl).

B

Unterstreiche diese Wörter im Text und trage sie dann im Singular (Einzahl) – mit Artikel – in die Liste rechts ein. Denke auch immer daran, die Satznummern davor zu schreiben.

Satz ___ _____
Satz ___ _____
Satz ___ _____
Satz ___ _____
Satz ___ _____
Satz ___ _____

Volltext

Die Entscheidung

1. Die Einzelheiten, die Max von der Tierversuchsanlage erzählt hatte, schockierten Jens und Murat.
2. Sie konnten sich nicht vorstellen, dass solche Experimente überhaupt erlaubt seien.
3. Unklar war ihnen aber auch noch eine andere Sache.
4. Was hatte die Erdgeschosswohnung im Haus von Max mit den Tierversuchen zu tun?
5. Weshalb drohte von dort eine so große Gefahr?

6. Wovor mussten sie die Katzen schützen?
7. „Ich krieg die Krise, wenn du uns nicht bald aufklärst", erklärte Murat.
8. „Mein Puls hat auch schon erhöhte Temperatur, oder so ähnlich", stellte Jens fest.
9. „Also, meine Schwester hat mitgekriegt, dass unser Hauswart dort Tiere abgeliefert hat", informierte sie Max.
10. Im Schutz der Dunkelheit hätte sie sich mit ihrer Gruppe bis unmittelbar an das Hauptgebäude herangeschlichen.

11. Sie hätten dann die Übergabe beobachtet.
12. Der Hauswart habe exakt drei Hunde und sieben Katzen dort aus seinem Automobil ausgeladen.
13. Außerdem habe Kerstin durch ein Fenster den Hund gesehen, der seit dem letzten Sommer aus ihrem Haus verschwunden sei.
14. Diese Informationen verfolgte Jens mit weit geöffnetem Mund.
15. „Das gibt's doch gar nicht", kommentierte Murat diese Nachricht.

16. „Die Katzen müssen da weg", setzte Jens seinen Mund nun wieder in Bewegung.
17. „Und zwar superschnell", bekräftigte Murat.
18. Nun überlegten die drei Freunde, wie sie weiter vorgehen könnten.
19. Dass sie sich hierbei auf die Schwester von Max verlassen konnten, war klar.
20. Sie brauchten noch mehr Hilfe.

21. Immerhin mussten die Befreiung und die neue Unterbringung der Katzen organisiert werden.
22. „Wie sieht's mit deiner Schwester aus, Murat?", fragte Max.
23. Er könne nicht dafür garantieren, dass sie mitmacht, sagte Murat zu diesem Vorschlag.
24. Seit einiger Zeit habe Jasemin nur noch Bits und Bytes im Kopf.
25. Dauernd rede sie über E-Mails, Hard- und Software.

26. Neulich habe sie sich darüber beklagt, dass sich ein Virus auf ihrer Homepage eingenistet habe.
27. Als er ihr daraufhin einen Arztbesuch empfohlen habe, hätte sie nur müde gelächelt.
28. Nachdem die Freunde noch einige Zeit über das Problem diskutiert hatten, verabredeten sie sich erneut für den nächsten Nachmittag.
29. Bei diesem Treffen legten sie dann fest, wie sie weiter vorgehen wollten, und wer welche Aufgaben übernehmen sollte.
30. Zu seiner Überraschung hatte Murat seine Schwester nicht lange zu bitten brauchen.
31. Sie hatte sich spontan bereit erklärt mitzumachen.

Die Entscheidung

Klassendiktat (141 Wörter)

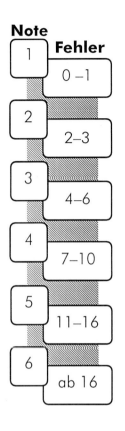

Die Entscheidung

Die Einzelheiten, die Max von der Tierversuchsanlage erzählt hatte, schockierten Jens und Murat.
Was hatte die Erdgeschosswohnung im Haus von Max mit den Tierversuchen zu tun?
Weshalb drohte von dort eine so große Gefahr?
„Also, meine Schwester hat mitgekriegt, dass unser Hauswart dort Tiere abgeliefert hat", informierte sie Max.
„Das gibt's doch gar nicht", kommentierte Murat diese Nachricht.
Nun überlegten die drei Freunde, wie sie weiter vorgehen könnten.
Sie brauchten noch mehr Hilfe.
Immerhin mussten die Befreiung und die neue Unterbringung der Katzen organisiert werden.
„Wie sieht's mit deiner Schwester aus, Murat?", fragte Max.
Er könne nicht dafür garantieren, dass sie mitmacht,
erklärte Murat zu diesem Vorschlag.
Seit einiger Zeit habe Jasmin nur noch Bits und Bytes im Kopf.
Nachdem die drei Freunde noch einige Zeit über das Problem diskutiert hatten, verabredeten sie sich erneut für den nächsten Nachmittag.

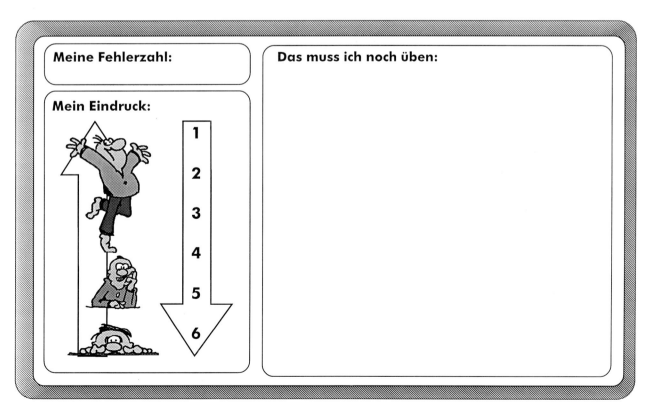

Die Entscheidung

Übung:

„Ein Rettungsplan für die Katzen"

Zum Schluss der Geschichte „Die Entscheidung" überlegen die drei Freunde, wie sie die Katzen vor der Tierversuchsanlage retten können.

Beachte dabei folgende Punkte:

➻ Wer kann helfen?

➻ Wem soll geholfen werden?

➻ Wie kann geholfen werden?

➻ Welche Aufgaben sind von wem zu erledigen?

➻ Müssen noch andere Personen eingeschaltet werden?

➻ Welche Schwierigkeiten muss man berücksichtigen? (Beispiel: Verschlossene Lattentür im Keller)

Welche Vorschläge würdest du in dieser Situation machen? Schreibe in dein Heft oder auf ein Blatt Papier, was dir dazu einfällt. Gib deiner Vorschlagsliste die Überschrift „Plan zur Rettung der Katzen".

Du kannst zu der Geschichte „Die Entscheidung" auch ein Bild malen. Gibt es Sätze oder Erzählabschnitte, die sich deiner Meinung nach besonders gut illustrieren lassen?

Vielleicht die Übergabe der Hunde und Katzen durch den Hausmeister? Wenn du eine passende Stelle für dein Bild gefunden hast, überlege dir eine Überschrift und los geht's!

Die Entscheidung

Übung:

Fremdwörter richtig gebrauchen

In der Geschichte „Die Entscheidung" kommt eine Reihe von Fremdwörtern vor.

Unterstreiche diese Fremdwörter. Es sind insgesamt 23. (Übrigens, auch „Puls" kommt aus einer anderen Sprache.)

Schreibe nun die Fremdwörter heraus, die etwas mit Computern zu tun haben. Es sind insgesamt sieben.

Fremdwörter, die etwas mit Computern zu tun haben:

1 _____
2 _____
3 _____
4 _____
5 _____
6 _____
7 _____

Eins von diesen Wörtern stammt aus der Sprache der Medizin.

Um welches Wort handelt es sich?

Es ist das Wort _____ .

Suche dir nun mindestens fünf Fremdwörter aus, die du mit deinen Worten erklären möchtest. Hierfür kannst du auch ein Nachschlagewerk (Lexikon) benutzen.

Fremdwörter und ihre Bedeutung:

Puls: _____

_____ : _____

_____ : _____

_____ : _____

_____ : _____

_____ : _____

E

Schreibe auch neben die folgenden Fremdwörter mit deinen Worten, was sie bedeuten:

Die Details: _____
_____
_____

Die Konsequenzen: _____
_____
_____

Diktate üben – locker! 5–6

 **Die Entscheidung** **Übung: Konsonantenverdopplung**

Zum Schluss noch eine kleine Rechtschreibregel, mit der du den einen oder anderen Fehler vermeiden kannst.

Zur Erinnerung:
Vokale (Selbstlaute) sind a(ä) – e – i – o(ö) – u(ü), Konsonanten (Mitlaute) *alle anderen Buchstaben*.

Zum Beispiel:
hàttè oder *vorstèllèn*
(Der Strich über den Vokalen bedeutet, dass sie kùrz gesprochen werden.)

Bitte merken:

Zwischen zwei kurz gesprochenen Vokalen schreibt man den Konsonanten doppelt.

 Finde nun in der Geschichte „Die Entscheidung" mindestens zehn Wörter, auf die diese Regel zutrifft. Schreibe sie auf und setze jeweils über die Vokale den Betonungsstrich, wie im Beispiel.

Wörter mit Konsonantenverdopplung zwischen zwei kurzen Vokalen

1. _____
2. _____
3. _____
4. _____
5. _____
6. _____
7. _____
8. _____
9. _____
10. _____

Die Entscheidung — **Übung: Lückentext zu Fremdwörtern**

Und nun ein Lückentext

Fülle die Textlücken mit den Wörtern aus, die unter dem Text stehen.

Die Krisensitzung

War das ein _____ , als Max seine Freunde über das Treiben des Hausmeisters _____ .

Sie fanden es unglaublich, dass man mit lebendigen Tieren solche _____ machen konnte. Hier musste _____ werden.

Deshalb _____ sie auch, wie sie die Katzen am besten vor diesem Schicksal bewahren könnten. Eine _____ Aufgabenverteilung war hierfür wichtig.

Sie wollten das _____ mit Hilfe von Jasemin und Kerstin bewältigen.

In einer _____ sitzung _____ sie das weitere Vorgehen.

Einen Erfolg konnten sie allerdings nicht _____ . Sie hofften jedoch, dass sie alle _____ berücksichtigt hatten. Ein Fehler in der Planung hätte die _____ erheblich vergrößern und zu bösen _____ führen können. Und nun brauchen sie nur noch ein bisschen Glück!

Experimente – exakte – garantieren – Konsequenzen
Schock – diskutierten – Problem – organisierten – informierte
Risiken – reagiert – Details – Krisen

Lösungshilfen – Klasse 5

Diktat 1: Das Geheimnis im Keller

Übung: Eine Geschichte zur Geschichte
Seite 9

Ⓐ hier eine mögliche Erklärung für den Schrecken von Max: Ich glaube, da hat jemand <u>einen Handschuh</u> verloren. Max hat sich darüber so erschrocken, weil das so aussah wie <u>eine Hand</u>. … Das sah doch aus wie <u>eine Hand</u>. Er holte erstmal tief <u>Luft</u>. Dann …

Übung: Zusammengesetzte Nomen
Seite 10

Ⓐ Ich merk mir mühelos, Nomen schreibt man <u>groß</u>.

Ⓑ die Gänsehaut (*Satz 9*), die Mauerecke (*Satz 14/17*), das Abendessen (*Satz 22*), das Schockerlebnis (*Satz 23*), die Heldentaten (*Satz 25*), der Fußboden (*Satz 26*), die Schattenbewegung (*Satz 29*)

Übung: Zusammgesetzte Nomen I (Fortsetzung)
Seite 11/12

Ⓐ Es ist der <u>Kellerfußboden</u>. Das Wort steht in *Satz 19*.

Ⓑ die Gans – die Haut, die Mauer – die Ecke, der Schatten – das Bild, die Hand – die Fläche, der Abend – das Essen, der Schock – das Erlebnis, der Held – die Tat, der Fuß – der Boden, der Schatten – die Bewegung, der Keller – die Geschichte, der Fuß – der Boden

Ⓒ hier eine Möglichkeit, wie du die Wörter zusammensetzen kannst, ohne dabei ein Nomen zu wiederholen:
Wörter aus zwei Nomen: Tischlampe, Imbissstand, Abenteuerserie, Uhrzeiger, Filmschauspieler, Kassettenrekorder, Abfalleimer, Computerspiel, Regenbogen, Kartoffelsalat, Fahrradbremse, Hosenbein, Nagelbett
Wörter aus drei Nomen: Lammfleischgericht, Hausaufgabenheft, Kopfballtor, Schlafzimmerschrank, Sommerferienende, Kellertreppenstufe, Fußbodenfarbe, Fingerhandschuh, Papiertaschentuch

Übung: Wortbedeutung
Seite 13

Ⓑ Gänsehaut: Aufgrund von Kälte und/oder Angst treten die Talgdrüsen der Haut bei uns Menschen so hervor, dass unsere Haut so aussieht wie die einer gerupften Gans.

Diktat 2: Max

Übung: „Max"
Seite 16

Ⓐ Satz 6, 7, 8, 9, 10, 11, 13, 15
Ⓑ Satz 5, 12, 14, 16, 17, 18, 20, 21, 22, 23, 24, 25, 26

Seite 17

Ⓓ Eine Möglichkeit: Max war an dem Tag 10 geworden, als er in die neue Schule kam. In der Grundschule war er wegen seiner roten Haare immer geärgert worden. Jetzt sind in seiner Klasse noch ein anderes Mädchen und ein weiterer Junge mit roten Haaren. Hier hat keiner seiner Mitschüler jemals eine dumme Bemerkung über seine Haare gemacht. Seine Mitschülerin mit den roten Haaren ist sogar eigentlich blond. Sie tönt sich die Haare extra rot, weil sie das „total klasse" findet.

Übung: Zusammengesetzte Nomen II
Seite 18

Ⓐ Satz 2: Schattenerlebnis, *Satz 4*: Geburtstag, *Satz 7*: Gesichtsform, *Satz 10*: Ohrläppchen, *Satz 16*: Magenschmerzen, *Satz 21*: Kopfhaut, *Satz 26*: Haarschopf, *Satz 27*: Kellergeschichte

Ⓑ 1. der Geburtstag = die Geburt – der Tag,
2. die Gesichtsform = das Gesicht – die Form

Ⓓ siehe Seite 5

Diktat 3: Alles braucht seine Zeit

Übung: Gegensatzpaare
Seite 21

Ⓐ *Satz 7*: gemeinsam <–> *Satz 7*: alleine
Satz 10: falsch <–> *Satz 10*: richtig
Satz 14: Ruhe <–> *Satz 14*: Stress
Satz 16: groß <–> *Satz 16*: klein
Satz 20: merkte <–> *Satz 21*: vergaß

Ⓑ schnell <–> <u>langsam</u>, gut <–> <u>schlecht</u>, viel <–> wenig, <u>oben</u> <–> unten, hoch <–> <u>tief</u>, <u>leicht</u> <–> schwer, gesund <–> <u>krank</u>, leise <–> <u>laut</u>, <u>rechts</u> <–> links, süß <–> <u>sauer</u>

Übung: „Lieblingskuchen"
Seite 22

Ⓐ Max und Jens freuten sich, als ihnen auf einem großen Teller Gebäckstückchen mit buntem Zuckerguss entgegenleuchteten.

Lösungshilfen – Klasse 5

Übung: Regelmäßige Steigerung von Adjektiven
Seite 24

Ⓐ wunderbar

Ⓑ wunderbar, wunderbarer, am wunderbarsten

Ⓒ schön, schöner, am schönsten
laut, lauter, am lautesten
frech, frecher, am frechsten
klein, kleiner, am kleinsten
schnell, schneller, am schnellsten
lieb, lieber, am liebsten
langsam, langsamer, am langsamsten
cool, cooler, am coolsten
hart, härter, am härtesten
bunt, bunter, am buntesten
hell, heller, am hellsten
heiß, heißer, am heißesten
klug, klüger, am klügsten

Seite 25

Ⓑ kleiner –> Komparativ, frech –> Positiv,
leise –> Positiv, klüger –> Komparativ,
am tiefsten –> Superlativ, härter –> Positiv,
klein –> Positiv, am lautesten –> Superlativ,
leiser –> Komparativ, heiß –> Positiv,
am kältesten –> Superlativ

Diktat 4: Verzögerte Planung

Übung: Wortfeldarbeit zum Verb „essen"
Seite 28

Ⓐ essen, mampfen, reinhauen, –> **hier eine Auswahl weiterer Verben, die die Nahrungsaufnahme beschreiben:** verzehren, speisen, tafeln, schmausen, schlemmen, genießen, schlecken, vertilgen, futtern, sich stärken, sich einverleiben, sich zuführen, sich laben, verdrücken, fressen, einfahren, spachteln, schnabulieren, verschlingen, knabbern …

**Übung:
Unregelmäßige Steigerung von Adjektiven**
Seite 29

Ⓐ viel, mehr, am meisten
gut, besser, am besten

Übung: Wenn aus Verben Nomen werden
Seite 30

Ⓒ Verben werden groß geschrieben, wenn sie in der Grundform (Infinitiv) stehen und man einen Artikel davor setzen kann.

Ⓓ endlich, freundlich, richtig, eigentlich, nämlich, riesig, selbstverständlich, peinlich, wirklich, allmählich, unruhig, schließlich, natürlich, wahrscheinlich.

Diktat 5:
Ein Schatten mit Haut und Haaren

Übung: Eine Bildergeschichte malen
Seite 33

Ⓐ *Satz 27:* Sein Opa sage häufig, der Mensch sei ein Gewohnheitstier, murmelte Murat vor sich hin.
Satz 28: Dann träfe das auf Tiere ja wohl erst recht zu, grübelte Jens.
Satz 29: In Krimis kämen die Täter immer wieder zum Tatort zurück, steuerte Max bei.

Übung: Sprichwörter
Seite 34

Ⓐ „Vorsicht ist die Mutter der Porzellankiste".

Ⓑ eine Möglichkeit, den Spruch zu erklären: Vorsicht ist im Umgang mit Porzellan deshalb angebracht, weil es bekanntlich sehr zerbrechlich ist. Und eine Mutter ist stets darauf bedacht, ihr Kind vor Schaden zu bewahren. So bewahrt auch die Vorsicht das Porzellan davor, dass es zerbricht. Im übertragenen Sinne bedeutet das, dass man sich selbst davor schützen kann, Schaden zu nehmen, wenn man sich in bedrohlichen oder schwierigen Situationen vorsichtig verhält.

**Übung:
Endsilben, an denen man Nomen erkennt**
Seite 35

Ⓐ Wichtigkeit, Geheimnis, Erlebnis, Meinung, Krimierfahrung, Äußerung, Vorbereitung

Ⓑ Botschaft, Heiterkeit, Finsternis, Sauberkeit, Dunkelheit, Wachsamkeit, Verlosung, Trockenheit, Reichtum, Haltbarkeit, Kleidung, Freiheit, Verwandtschaft, Wohnung, Irrtum, Freundschaft, Gesellschaft, Wagnis, Eigentum, Eigenheit, Gemeinheit, Erkenntnis, Heiligtum, Werbung, Hindernis

Diktate üben – locker! 5–6

Lösungshilfen – Klasse 6

Diktat 1: Was nun?
Übung: „Ein Spitzname für Murat"
Seite 38

Ⓐ ein paar Vorschläge für Spitznamen:
Hüter der Stille, Mr. Lautlos, Schweiger

Ⓑ Zeigefinger

Übung: Wörtliche Rede
Seite 38

Ⓐ Anführungszeichen.

Ⓑ 1. Satz 6: „Wen?", fragte Max.
2. Satz 8: „Superwitzig", gab Max zurück.
3. Satz 12: „Und was passiert jetzt?", flüsterte Max.
4. Satz 5: „Nicht so laut", zischte Murat, „du weckst sie noch auf."
5. Satz 22: „Am besten, wir gehen erst einmal nach oben", flüsterte Murat.
6. Satz 20: „ So siehst du auch aus", bestätigte Jens, „ein bisschen dämlich."

Übung: Satzzeichen
Seite 39

Ⓒ Doppelpunkt
1. „Ach du dicker Vater!", ruft Max, als er die Katzen sieht.
2. „Du weckst sie noch auf", zischt Murat, „wenn du so laut bist."
3. „Mir fällt nichts ein", sagt Max.
4. „Ein bisschen dämlich siehst du auch aus", bestätigt Jens.
5. Max flüstert: „Und was passiert jetzt?"

Übung: Umgang mit dem Wörterbuch
Seite 40

Ⓐ 1. Satz 1: verdutzt
2. Satz 3: Katze
3. Satz 7: frotzelte
4. Satz 8: witzig
5. Satz 11: Spitzname
6. Satz 12: jetzt
7. Satz 13: Katzenkinder
8. Satz 27: unterstützte
9. Satz 29: plötzliches

Ⓒ Beispiele für Wörter mit „tz": Satz, Spitze, Spatz, Latz, Schütze, Metzger, Klotz, Fratze, Hitze, Grütze, Mütze, Pfütze, sitzen, schmutzig, fetzen, wetzen, protzen, stutzen, putzen, ritzen, schnitzen, flitzen, motzen, hetzen, kratzen, schmatzen, kritzeln, schwitzen, schwatzen, petzen …

Diktat 2: Das Schicksal der Katzen
Übung: Direkte Rede – indirekte Rede
Seite 44

Ⓐ *Satz 17:* „Hat es was mit Katzen zu tun?", fragte Jens neugierig.
Satz 10: „Haltet endlich die Klappe", fuhr Max dazwischen.
Satz 24: „Dann nichts wie weg", drängte Murat.
Satz 27: „Wer als erster da ist", gab Jens das Kommando.

Seite 45

Ⓓ/Ⓔ
Satz 11 in direkter Rede: „Ihr habt ja keine Ahnung", sagte Max ärgerlich.
Satz 12 in direkter Rede: „Im letzten Sommer ist etwas Entsetzliches in unserem Haus passiert", so Max.
Satz 13 in direkter Rede: Dazu ergänzte er: „Das weiß ich aber auch erst seit gestern."
Satz 14 in direkter Rede: „Meine Schwester hat es zufällig erfahren", berichtete Max den beiden.
Satz 16 in direkter Rede: Daraufhin forderten Jens und Murat Max ungeduldig auf: „Nun erzähl uns schon die ganze Geschichte!"
Satz 19 in direkter Rede: „Wir müssen jedenfalls höllisch aufpassen.", fuhr er fort.
Satz 21 in direkter Rede: „Kläre uns jetzt endliche auf!", forderte Murat von Max.
Satz 22 in direkter Rede: „Zuerst müssen wir einen anderen Platz aufsuchen", betonte Max.
Satz 23 in direkter Rede: „Die Gefahr lauert nämlich in der Wohnung im Erdgeschoss", sagte er geheimnisvoll.

Übung: Wörter mit „z" und „tz"
Seite 46

Ⓐ Katzen, gereizt, jetzt, frotzelte, Katzenkeller, letzten, Entsetzliches, stutzig, Bolzplatz, abgehetzt, Platz, setzen

Ⓑ „tz" oder „z"
dazwischen, trotzdem, Platz, Bolzplatz, schmutzig, salzig, Matratze, kreuzen, Mütze, Geizkragen, Brennholz, Vorsätze, spitz, frotzeln, Arzt, schwarz, setzen, Heizung, beschützen, Witz, Fortsetzungsgeschichte

Lösungshilfen – Klasse 6

Diktat 3: Immer wieder Ablenkungen
Übung: „Kreuzungen"
Seite 49

Ⓒ Er hat dabei an eine Kreuzung zwischen Deutschen und Türken gedacht.

Übung: Wenn Adjektive zu Nomen werden
Seite 50

Ⓑ *Satz 5:* Jens ahnte nichts Gutes bei diesen Bemerkungen.
Satz 10: Murat versprach daraufhin nichts Dummes mehr zu äußern.
Satz 20: Darüber habe er schon mal etwas Merkwürdiges im Fernsehen gesehen, erinnerte sich Jens.

Seite 51

Ⓒ Nach etwas, alles, nichts, manches, wenig, mancherlei, viel, schreibt man Adjektive groß.

Ⓓ Die drei Freunde ahnten nichts Gutes, als sie in den dunklen Keller gingen. Manches Unheimliche konnte ihnen dort begegnen. Der undeutliche Schatten konnte ja auch etwas Bedrohliches bedeuten. Obwohl sie gemeinsam schon manch' Abenteuerliches erlebt hatten, fürchteten sie sich jetzt doch ein bisschen. Bei dieser Unternehmung war alles Mögliche zu erwarten.

Diktat 4: Die Versuchsanlage
Übung: „Tierversuche"
Seite 54

Ⓐ Ein Gebäudekomplex besteht aus mehreren Häusern oder Gebäuden.

Übung: Nomen im Text erkennen
Seite 56

Ⓐ *Satz 3:* Er hatte ja schon angedeutet, dass etwas Entsetzliches geschehen sei.
Satz 16: Dort mache man etwas Widerliches mit den Tieren.

Ⓑ *Satz 1:* die Abstammung
Satz 13: die Haltung
Satz 17: die Einzelheit
Satz 18: die Erzählung
Satz 19: die Erklärung
Satz 31: die Bemerkung

Diktat 5: Die Entscheidung
Übung: Fremdwörter richtig gebrauchen
Seite 60

Ⓐ S. 1 schockierten, S. 2 Experimente, S. 7 Krise, S. 8 Puls, Temperatur, S. 9 informierte, S. 12 exakt, Automobil, S. 14 Information, S. 15 kommentierte, S. 17 superschnell, S. 21 organisiert, S. 23 garantieren, S. 24 Bits, Bytes, S. 25 E-Mails, Hard-, Software, S. 26 Virus, Homepage, S. 28 Problem, diskutiert, S. 31 spontan

Ⓑ Bits, Bytes, E-Mails, Hard-, Software, Virus, Homepage

Ⓒ Es ist das Wort Virus.

Übung: Konsonantenverdopplung
Seite 61

Ⓐ vorstèllèn, hàttè, Grùppè, Sòmmèr, kòmmèntierte, müssèn, verlàssèn, ìmmèrhin, könnè, Nachmìttàg, Trèffèn, Übèrràschung, bìttèn.

Übung: Lückentext mit Fremdwörtern
Seite 62

Ⓐ War das ein Schock, als Max seine Freunde über das Treiben des Hausmeisters informierte.
Sie fanden es unglaublich, dass man mit lebendigen Tieren solche Experimente machen konnte.
Hier musste reagiert werden.
Deshalb diskutierten sie auch, wie sie die Katzen am besten vor diesem Schicksal bewahren könnten.
Eine exakte Aufgabenverteilung war hierfür wichtig.
Sie wollten das Problem mit Hilfe von Jasemin und Kerstin bewältigen.
In einer Krisensitzung organisierten sie das weitere Vorgehen. Einen Erfolg konnten sie allerdings nicht garantieren. Sie hofften jedoch, dass sie alle Details berücksichtigt hatten. Ein Fehler in der Planung hätte die Risiken erheblich vergrößern und zu bösen Konsequenzen führen können.
Und nun brauchen sie nur noch ein bisschen Glück!

Verlag an der Ruhr
Jetzt versteh' ich das!

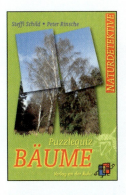

Naturdetektive
Puzzlequiz: Bäume
Steffi Schild, Peter Rinsche
Ab 8 J., 72 Bildkarten
mit Anleitung, Pappbox
ISBN 3-86072-583-1
Best.-Nr. 2583
12,80 € (D)/13,15 € (A)/22,40 CHF

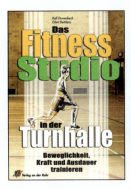

Das Fitness-Studio in der Turnhalle
Eilert Deddens, Ralf Duwenbeck
Kl. 10–13, 85 S., A4, Pb.
ISBN 3-86072-732-X
Best.-Nr. 2732
19,50 € (D)/20,– € (A)/34,20 CHF

„In Auschwitz wurde niemand vergast."
60 rechtsradikale Lügen und wie man sie widerlegt
Markus Tiedemann
Ab 13 J., 184 S., 16 x 23 cm, Pb.
ISBN 3-86072-275-1
Best.-Nr. 2275
12,80 € (D)/13,15 € (A)/22,40 CHF

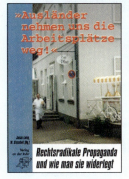

„Ausländer nehmen uns die Arbeitsplätze weg"
Rechtsradikale Propaganda und wie man sie widerlegt
Jonas Lanig, Wilfried Stascheit (Hg.)
Ab 13 J., 250 S., 16 x 23 cm, Pb.
ISBN 3-86072-394-4
Best.-Nr. 2394
13,80 € (D)/14,20 € (A)/24,20 CHF

Konfliktstoff Kopftuch
Eine thematische Einführung in den Islam
Jochen Bauer
Ab Kl. 9, 130 S., A4, Pb.
ISBN 3-86072-614-5
Best.-Nr. 2614
18,60 € (D)/19,15 € (A)/32,60 CHF

Biologie einfach anschaulich
Begreifbare Biologiemodelle zum Selberbauen mit einfachen Mitteln
Hans Schmidt, Andy Byers
Kl. 4–9, 176 S., A4-quer, Pb.
ISBN 3-86072-235-2
Best.-Nr. 2235
19,60 € (D)/20,15 € (A)/34,30 CHF

Miteinander klarkommen
Toleranz, Respekt und Kooperation trainieren
Dianne Schilling
Ab 10 J., 133 S., A4, Pb.
ISBN 3-86072-551-3
Best.-Nr. 2551
18,60 € (D)/19,15 € (A)/32,60 CHF

Gefühle spielen immer mit
Mit Emotionen klarkommen Ein Übungsbuch
Terri Akin u.a.
Ab 10 J., 95 S., A4, Pb.
ISBN 3-86072-553-X
Best.-Nr. 2553
17,– € (D)/17,50 € (A)/29,80 CHF

Selbstvertrauen und soziale Kompetenz
Übungen, Aktivitäten und Spiele für Kids ab 10
Terri Akin u.a.
Ab 10 J., 206 S., A4, Pb.
ISBN 3-86072-552-1
Best.-Nr. 2552
23,– € (D)/23,65 € (A)/40,30 CHF

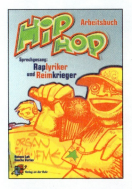

HipHop
Sprechgesang: Raplyriker und Reimkrieger – Ein Arbeitsbuch
Hannes Loh, Sascha Verlan
Ab Kl. 7, 128 S., 16 x 23 cm, Pb.
ISBN 3-86072-554-8
Best.-Nr. 2554
12,80 € (D)/13,15 € (A)/22,40 CHF

Kunst für ganz Schnelle
Ideen und Anschlussprojekte für 2–4 Stunden
Gerlinde Blahak
Kl. 5–13, 92 S., 16 x 23 cm, Pb., vierfarbige Fotos
ISBN 3-86072-659-5
Best.-Nr. 2659
14,80 € (D)/15,20 € (A)/25,90 CHF

Zusammen kann ich das
Effektive Teamarbeit lernen
Susan Finney
Ab 10 J., 196 S., A4, Pb.
ISBN 3-86072-499-1
Best.-Nr. 2499
21,50 € (D)/22,10 € (A)/37,70 CHF

Verlag an der Ruhr · Postfach 10 22 51 · D–45422 Mülheim an der Ruhr
Tel.: 0208/495040 · Fax: 0208/4950495 · E-Mail: info@verlagruhr.de · http://www.verlagruhr.de

www.verlagruhr.de

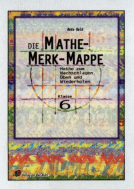

Die Mathe-Merk-Mappe Klasse 6
Mathe zum Nachschlagen, Üben und Wiederholen
Reto Held
Ab Kl. 6, 103 S., A4, Pb.
ISBN 3-86072-664-1
Best.-Nr. 2664
17,– € (D)/17,50 € (A)/29,80 CHF

Mathe für ganz Schnelle
Ergänzungs- und Zusatzaufgaben für die Orientierungsstufe
Kevin Lees
Ab Kl. 5, 51 S., A4, Papph.
ISBN 3-86072-574-2
Best.-Nr. 2574
17,– € (D)/17,50 € (A)/29,80 CHF

Literatur-Kartei:
„Der Vorleser"
Michael Lamberty
Ab Kl. 10, 98 S., Papph.
ISBN 3-86072-613-7
Best.-Nr. 2613
20,45 € (D)/21,– € (A)/35,80 CHF

Der richtige Satz am richtigen Platz
Training: Zielsicheres Schreiben, Textsorten kennen und nutzen
Murray Suid, Wanda Lincoln
Ab Kl. 7, 130 S., A4, Pb.
ISBN 3-86072-661-7
Best.-Nr. 2661
19,95 € (D)/20,50 € (A)/34,90 CHF

Lernspiele Römerzeit
Heide Huber
Ab 10 J., 119 S., A4, Pb.
ISBN 3-86072-408-8
Best.-Nr. 2408
21,50 € (D)/22,10 € (A)/37,70 CHF

Apostel, Mönche, Missionare
Die erste Ausbreitung des Christentums
Robert Wittek
Ab Kl. 7, 62 S., A4, Papph.
ISBN 3-86072-573-4
Best.-Nr. 2573
17,90 € (D)/18,40 € (A)/31,40 CHF

Hilfe, ich hab' einen Einstein in meiner Klasse!
Wie organisiere ich Begabtenförderung?
John Edgar, Erin Walcroft
96 S., A4, Pb.
ISBN 3-86072-735-4
Best.-Nr. 2735
19,50 € (D)/20,– € (A)/34,20 CHF

Konflikte selber lösen
Trainingshandbuch für Mediation und Konfliktmanagement in Schule und Jugendarbeit
Kurt Faller, Wilfried Kerntke, Maria Wackmann
Ab 10 J., 207 S., A4, Pb.
ISBN 3-86072-220-4
Best.-Nr. 2220
23,– € (D)/23,65 € (A)/40,30 CHF

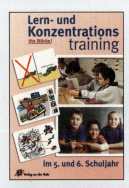

Lern- und Konzentrationstraining
im 5. und 6. Schuljahr
Uta Stücke
Kl. 5–7, 125 S., A4, Pb.
ISBN 3-86072-656-0
Best.-Nr. 2656
20,40 € (D)/21,– € (A)/35,70 CHF

Kids' Corner
55 Five-Minute-Games
Sprachspiele für den Englischunterricht
Christine Fink
Kl. 1–6, 71 S., A5, Pb.
ISBN 3-86072-680-3
Best.-Nr. 2680
7,– € (D)/7,20 € (A)/12,60 CHF

Wir machen Theater!
6 Zeit- und Streitstücke für Jugendliche
Hans-Georg Kraus
Ab 12 J., 117 S., A4, Pb.
ISBN 3-86072-690-0
Best.-Nr. 2690
17,– € (D)/17,50 € (A)/29,80 CHF

Verlag an der Ruhr · Postfach 10 22 51 · D–45422 Mülheim an der Ruhr
Tel.: 0208/495040 · Fax: 0208/4950495 · E-Mail: info@verlagruhr.de · http://www.verlagruhr.de